Carl-Auer
Fachbücher für jede:n

Stimmen zum Buch

»Sprache ist das menschliche Betriebssystem. Mit diesem Buch hat jede:r Leser:in die Möglichkeit, dem eigenen ein Update zu geben, um Kommunikation und Beziehungen als erfüllend und inspirierend erleben zu können. Dieses Buch ist ein inhaltliches und didaktisches Juwel: Es erläutert in verständlicher und leicht lesbarer Weise extrem komplexe Zusammenhänge. Zahlreiche Beispiele machen es lebendig. Die Erläuterungen zu den Beispielen eröffnen einen nochmals tieferen Einblick in die zugrunde liegenden Prozesse. Die Anleitungen für die Übungen erlauben, auf einfache und spielerische Weise eine richtig gute Gesprächskultur zu entwickeln. Und letztlich brilliert das Buch mit einem sagenhaften Spektrum von Gesprächssituationen. Chapeau!«

Eckard Krüger, Facharzt für Allgemeinmedizin und Geriatrie

»So etwas wie dieses neue Buch gibt es noch nicht. Es setzt konsequent die Erkenntnisse aus der Lehre der Eigensprache für den Alltag um und hat Vieles zu bieten. Es zeigt anhand von Gesprächsbeispielen aus dem alltäglichen Leben auf, welches ungeheure Potenzial für die tagtägliche Kommunikation in Familie, Freundschaft und Alltag steckt: im Nachfragen nach Schlüsselwörtern, zieloffenem Folgen und einer Haltung des Einfach-auf-sich-wirken-Lassens. Jeder, der dieses Buch liest, hat eine echte Chance, in seinen persönlichen Beziehungen ganz neue Welten der Kommunikation zu entdecken und zu seinen Bezugspersonen eine neue Qualität der Beziehung zu entwickeln. Ich bin ein alter Hase der Idiolektik, aber ich habe von diesem Buch einiges gelernt und habe noch eine ganze Menge vor mir, es umzusetzen.«

Peter Winkler, Diplom-Psychologe, Psychotherapeut

»Daniel Bindernagel schreibt lebendig, bildhaft, konkret und sehr gut nachvollziehbar. Durch die Beispiele bekommt man einen praxisnahen Bezug und der Transfer zu eigenen Erfahrungen mit Gesprächssituationen gelingt dadurch besser. Dieses Buch ist ein wichtiger Beitrag für gelingende Gespräche im Alltag.«

Petra Speth, Audiotherapeutin

»Daniel Bindernagel zeigt uns, dass Zuhören die beste Art ist, sich zu unterhalten, und offene Ohren einem die Augen öffnen können!«

Ursus Wehrli, Bühnenkünstler und Buchautor

»Wer singt, weiß: Den richtigen Ton findet man nicht mit den Stimmwerkzeugen, sondern übers Ohr. Daniel Bindernagel zeigt in seinem Buch auf, dass das auch für eine gelingende Kommunikation gilt. Reden ist Silber, Zuhören ist Gold. Endlich geht es einmal nicht darum, wer ich bin und was ich der Welt zu sagen habe – sondern darum, was die anderen mir zu sagen haben. Weg von der ›Ich-Jagd‹, hin zum Interesse für das Gegenüber: Das ist die befreiende und ohne moralischen Zeigefinger vorgetragene Botschaft von ›Ich höre dir zu‹.«

Peter Surber, Kulturjournalist

Daniel Bindernagel

ICH HÖRE DIR ZU

GUTE GESPRÄCHE IM ALLTAG

2023

Reihe »Fachbücher für jede:n«
Reihengestaltung und Satz: Nicola Graf, Freinsheim, www.nicola-graf.com
Umschlaggestaltung: B. Charlotte Ulrich
Umschlagfoto: © PiyawatNandeenoparit – stock.adobe.com
Illustrationen: Sibylle Reichel, www.sibylle-reichel.de
Redaktion: Veronika Licher
Printed in Germany
Druck und Bindung: CPI books GmbH, Leck

MIX
Papier | Fördert gute Waldnutzung
FSC® C083411
www.fsc.org
CPI klimaneutral
Mehr Bäume. Weniger CO_2

Erste Auflage, 2023
ISBN 978-3-8497-0490-2 (Printausgabe)
ISBN 978-3-8497-8461-4 (ePUB)

Bibliografische Information der Deutschen Nationalbibliothek:
Die Deutsche Nationalbibliothek verzeichnet diese Publikation in der Deutschen Nationalbibliografie; detaillierte bibliografische Daten sind im Internet über http://dnb.d-nb.de abrufbar.

Informationen zu unserem gesamten Programm, unseren Autoren und zum Verlag finden Sie unter: **www.carl-auer.de**.
Dort können Sie auch unseren Newsletter abonnieren.

Carl-Auer Verlag GmbH
Vangerowstraße 14 · 69115 Heidelberg
Tel. +49 6221 6438-0 · Fax +49 6221 6438-22
info@carl-auer.de

INHALT

Danksagung

Als Erstes möchte ich allen Menschen danken, die bereit waren, Gespräche, die sie selbst erlebt haben, mir, dem Buch und damit allen Leserinnen und Lesern zur Verfügung zu stellen. So hat das Buch seinen ganz realen Praxisbezug erhalten. Dann danke ich dem ganzen Team des Carl-Auer Verlages, ganz besonders Matthias Ohler und Ralf Holtzmann, die der Methode der Idiolektik aufgeschlossen und wohlgesonnen sind. Es macht Freude, mit diesem Team zusammenzuarbeiten.[1]

1 Aus Gründen der flüssigen Lesbarkeit werden abwechselnd weibliche und männliche Formen verwendet. Es sind immer alle Geschlechter gemeint.

1 EINFÜHRUNG

»Reden ist Silber, Schweigen ist Gold«, sagt eine Redewendung. Manchmal sei es besser zu schweigen, statt Unpassendes oder Überflüssiges zu sagen, soll sie uns erinnern. Wie können wir nun dieses Unpassende und Überflüssige weglassen? Zuhören wäre eine Möglichkeit, dann noch einmal zuhören und dann vielleicht eine einfache offene Frage stellen. So kommt unser Gegenüber zu Wort. Reden wird zu Silber, zu etwas Wertvollem.

Dieses Buch möchte genau dies aufzeigen und wie es gelingen kann, dass wir unsere Kommunikation mit einfachen Mitteln verbessern. Es richtet sich an alle, die Interesse an Kommunikation haben und den Wunsch verspüren, diese zu verbessern: Menschen, die gute Gespräche führen möchten, die etwas von anderen erfahren wollen, die anstreben, ihre Fähigkeit des Zuhörens zu kultivieren, oder die umgekehrt auch einmal ungestört erzählen möchten.

Auf Literaturverweise habe ich in diesem *Fachbuch für jede:n* außer in ein paar Ausnahmefällen verzichtet und Fachausdrücke sowie Fremdwörter weitestgehend weggelassen. Dabei gibt es drei

Ausnahmen: implizites Wissen, Resilienz und Intersubjektivität. Diese möchte ich hier kurz erklären, damit das bereits in der Einleitung erledigt ist.

Das *implizite Wissen* stellt unsere gesammelte Lebenserfahrung dar, die nicht direkt in Worte gefasst werden kann. Es umfasst sehr viele Bereiche und bezieht sich sowohl auf den Körper als auch Gefühle und Beziehungserfahrungen. *Resilienz* beschreibt eine psychische Widerstandskraft. Es handelt sich um die Fähigkeit, schwierige Lebensumstände ohne anhaltende Beeinträchtigung zu überstehen, vielleicht sogar daran zu wachsen und zu reifen. *Intersubjektivität* beschreibt das Phänomen bei menschlichen Begegnungen, dass zwei Subjekte, also zwei einzigartige Menschen, aufeinandertreffen, sich auf Augenhöhe begegnen und keiner von beiden »objektiv« ist. Keiner von beiden beurteilt den anderen als »Objekt«, sondern beide erleben diese Begegnung subjektiv in ihrer unvergleichlichen Art und Weise.

Das Buch richtet sich in erster Linie an Erwachsene. Ein Schwerpunkt sind Gespräche in Familien. So profitieren auch Kinder und Jugendliche, die häufig die unverblümte und frische Art, Fragen zu stellen, noch beherrschen. Erwachsene müssen manchmal wieder neu lernen, »einfach« zu fragen. Dabei sind zwei Grundannahmen wichtig: »Ich weiß, dass ich nichts weiß« und »Jeder Mensch spricht seine eigene Sprache«. Das heißt, ich kann nicht wissen, was der andere mit seinen Worten wirklich meint. Deshalb höre ich zu und frage einfach nach. Damit ermögliche ich es meinem Gegenüber, zu Wort zu kommen, und kann herausfinden, was er mit seinen Worten gemeint hat.

Ich habe mich entschieden, dich, liebe Leserin und lieber Leser, mit einem persönlichen »Du« anzusprechen, in der Hoffnung, dass das für dich in Ordnung ist.

Du findest in diesem Buch keine Anleitung darüber, wie du jemanden von deiner Meinung überzeugen kannst oder wie du besser diskutieren lernst. Es wird auch nicht darum gehen, Ratschläge so zu erteilen, dass dein Gegenüber veranlasst wird, dies oder jenes zu unterlassen oder zu tun. Stattdessen wird es um eine Anleitung gehen, wie du aktiv zuhören lernst, wie du deiner Gesprächspartnerin ein »Ohr schenken« kannst und auf diese Weise Zeuge davon wirst, wie sie ihre Innenwelt, ihre Wünsche, Träume, Probleme, Lösungen, Fertigkeiten, Energiequellen und vieles Erdenkliche oder Unerdenkliche mehr entdeckt. Solche Gespräche können sehr erfüllend sein, auch wenn du selbst »nur« zuhörst und wenig zu Wort kommst.

Diese Art der Gespräche weist auf den ersten Blick eine Ungleichheit auf: Der eine hört zu, der andere spricht. Auf den zweiten Blick löst sich diese Ungleichheit dadurch auf, dass du erstens viel Neues vom anderen erfährst und somit eine neue Sicht auf ihn oder sie erhältst und zweitens im besten Falle im Verlauf auch selbst in den Genuss kommst, dass der andere dir zuhört. Der zweite Punkt verdient besondere Beachtung, da eingefahrene Rollen in unserer Kommunikation häufig anzutreffen sind: Der eine hört zu, der andere redet pausenlos. In der Psychotherapie oder in beratenden Berufen ist diese Rollenverteilung angemessen, solange es nicht der Professionelle ist, der ohne Punkt und Komma redet. In unseren Alltagsbeziehungen wünschen wir uns eine Ausgewogenheit. Jede möchte mal zu Wort kommen. Der Ansatz, der in diesem Buch vermittelt wird, setzt zunächst daran an, wie du den anderen zu Wort kommen lassen kannst. Deshalb braucht es klare Absprachen, dass beispielsweise irgendwann gewechselt wird. Mit der Zeit wird sich ein natürliches Wechselspiel einstellen, weil beide Gesprächspartnerinnen oder Gesprächspartner die Erfahrung machen, dass ihnen zugehört wird.

Dieses Buch ist wie folgt aufgebaut: In sechs Kapiteln (Kapitel 2–7) geht es zunächst um wichtige Grundlagen für gute Gespräche: Schlüsselworte, Resonanz, bildhafte Sprache, Würdigen, Zieloffenheit und Direktheit. Alle Themen und Kontexte werden an einfachen Beispielgesprächen aus dem Alltag veranschaulicht, die nicht erfunden sind, sondern »echt«. Sie haben im Alltag stattgefunden und wurden von mir anonymisiert und redaktionell bearbeitet, um das jeweilige Thema zu beleuchten und verständlich zu machen. Ich habe dabei nicht nach spektakulären Dialogen Ausschau gehalten, sondern nach ganz normalen Alltagssituationen. Am Ende jeden Kapitels gibt es eine kurze Zusammenfassung in Form eines Fazits und einige Anregungen für die Praxis mit Übungen. Es empfiehlt sich, nach jedem Kapitel ganz konkret auszuprobieren, ob das, was ich geschrieben habe, für dich verständlich und hilfreich ist. Es würde mich sehr freuen, wenn du in deinem Alltag die ein oder andere positive Veränderung in deiner Art, Gespräche zu führen, bemerkst.

Nach dieser Einführung geht es als Erstes um sogenannte *Schlüsselworte.* Das sind Worte, die ich beim Zuhören speziell heraushöre. Sie klingen bei mir besonders an. Wenn ich Fragen stelle, dann genau zu diesen Schlüsselworten. Dabei sollen die Fragen einfach, kurz und konkret sein. Die Fragen werden vorzugsweise wohlwollend gestellt und sollen so unser Gegenüber einladen, sich zu öffnen.

Im nächsten Kapitel geht es um *Resonanz.* Diesen Begriff kennt der eine oder die andere aus der Physik oder der Musik. In der Kommunikation beschreibt er die körperliche Reaktion, die Bewegung, die Schwingung, die ich empfinde, wenn ich meinem Gegenüber zuhöre. Kurz gesagt: ich höre zu, wie wenn ich Musik lausche. Genau die Resonanz, die ich spüre beim Zuhören, zeigt mir an, wann ein Schlüsselwort gebraucht wird. Wenn du von einem »Fluss« sprichst und das Wort »Fluss« klingt für mich besonders schön oder hebt sich klanglich ab vom Rest des Satzes, dann kann ich fragen: »Kannst du mir mehr von dem Fluss erzählen?« Bei der Antwort auf diese Frage kann dein Gegenüber das Bild des Flusses beschreiben und weiterspinnen.

Um dieses Thema, die *bildhafte Sprache*, geht es im nächsten Kapitel. Denn unsere Sprache ist voll von Bildern. Insbesondere Redewendungen basieren auf Sprachbildern, die zu offenen Fragen einladen können. Aber auch die ganz normale Alltagssprache ist voll von Bildern. Wenn du aufmerksam zuhörst, werden dir mehr und mehr davon auffallen, die dir normalerweise gar nicht bewusst sind. In diesem Kapitel wird erklärt, warum Bilder in unserer Kommunikation so ergiebig sind. Du lernst, auf sie zu achten und nach diesen konkret zu fragen. Wenn jemand zum Beispiel sagt: »Ich will mit dem Kopf durch die Wand«, dann könntest du fragen: »Wie sieht die Wand aus?«, »Was passiert, wenn man mit dem Kopf durch die Wand will?« oder auch »Was ist, wenn du durch die Wand hindurch bist?«.

Im folgenden Kapitel geht es ums *Würdigen.* Das Würdigen ist ein Vorgang, der entscheidend zu guten Gesprächen und zu einem

Gefühl von »ich fühle mich verstanden« oder »ich fühle mich gehört« beitragen kann. Leider tun wir das viel zu wenig. Es gibt einige konkrete Anregungen und Vorschläge dafür, dies zu tun und zu üben. Beim Vorgang des Würdigens ist das Konzept der »guten Gründe« hilfreich. »Gute Gründe« sind die Motivationen, weshalb ich mich so und nicht anders verhalte. Ich habe immer »gute Gründe«, mich eben genau so zu verhalten, wie ich es tue, – und jeder andere auch. Wenn mir dies bewusst ist, fällt es mir leichter, mein Gegenüber zu würdigen. Hinter jedem noch so komischen oder mir unverständlichen Verhalten – dazu gehören auch Aussagen – stehen »gute Gründe«. Wenn nun mein Partner mir gegenüber etwas Vorwurfsvolles aussagt, dann hat er eben auch dafür seine »guten Gründe«. Dies anzuerkennen und zunächst einmal im Voraus »gute Gründe« bei negativen, anklagenden oder entwertenden Aussagen zu unterstellen, fällt nicht ganz leicht. Du kannst dich aber darin üben.

Im nächsten Kapitel erläutere ich einen neuen Begriff: *Zieloffenheit!* Er beschreibt eine innere Haltung, mit der ich Gespräche führen kann. Ich bin offen für den Weg und das Ziel des anderen. Ich finde diesen Aspekt besonders in unserer ziel- und ergebnisorientierten Welt so wichtig für gelingende Gespräche, dass ich ihn dir nicht vorenthalten möchte. Gespräche wirklich zieloffen zu führen, ist vielleicht das Ungewohnteste und Schwierigste in unseren Alltagsbeziehungen. Ich gebe dafür einige Anregungen, diese Haltung zu kultivieren und ganz konkret zu üben.

Im anschließenden Kapitel geht es um *Direktheit.* Für eine gute Kommunikation im Alltag braucht es zumindest in unserem kulturellen Kontext aus meiner Sicht eine Portion Direktheit. Dabei sind nicht nur Situationen gemeint, in denen es um möglichst klare Informationsvermittlung geht, sondern auch Konfliktsituationen. Hier ist es hilfreich, Gefühle direkt anzusprechen. Wenn ich diese direkt kommuniziere, weiß meine Gesprächspartnerin, woran sie ist. Sie muss weniger nachdenken, was hinter meinen Aussagen oder meinem Verhalten stecken könnte. Wenn ich ehrlich und offen anspreche, was mich beschäftigt, kann meine Gesprächspartnerin mit mir in einem nächsten Schritt in einen offenen Dialog über das angesprochene Thema treten.

In den darauffolgenden fünf Kapiteln (Kapitel 8–12) geht es um Besonderheiten der Gesprächsführung in unterschiedlichen Entwicklungsphasen, Altersgruppen und Beziehungskontexten wie Familie, Partnerschaft und Beruf, Freundinnen und Freunde oder Jugendliche.

Da Familien Gebilde mit komplexen Beziehungen sind, werden diese jeweils einzeln behandelt. Ich gehe ein auf die Eltern-Kind-Beziehung und die Besonderheiten in der Entwicklung der verschiedenen Altersstufen vom Baby über das Kleinkind und das Schulkind bis hin zum Jugendlichen. Ich führe aus, was sich daraus konkret für unsere Gespräche ableitet und beachtet werden sollte. Die Elternschaft, Geschwisterbeziehungen und Patchworkfamilien werden jeweils separat beschrieben. Auch hier gibt es für jeden Kontext praktische Übungen.

Im nächsten Kapitel geht es um Gespräche in der Partnerschaft. Ich gehe darauf ein, was die besonderen Herausforderungen von Kommunikation in Partnerschaften sind, was ich unter einem gegenseitigen Grundverständnis verstehe und wie es gelingen kann, sich in einer Partnerschaft »verstanden zu fühlen«.

Im darauffolgenden Kapitel geht es um Gespräche unter Freundinnen und Freunden. Gute Freundschaften tragen offenbar dazu bei, dass sich Menschen zufrieden und glücklich fühlen. Freundschaften müssen gepflegt werden. Gute Gespräche bilden die Grundlage dazu.

Weiter geht es um Gespräche unter Jugendlichen. Für diese Thematik habe ich eine junge Frau gefunden, die mir geholfen hat, die Inhalte authentisch zu formulieren: Sie hat Fragen, Ideen und Kommentare zur besonderen Situation von Jugendlichen und Gesprächsbeispiele aus ihrem Leben beigetragen.

Der Übergang vom Kind zum jungen Erwachsenen ist geprägt von Infragestellung und Neuorientierung. Jugendliche lassen sich auf alles Mögliche und Unmögliche ein, wollen entdecken, ausprobieren und sich selbst finden. Durch die Lektüre dieses Kapitels wird es dir leichter fallen, dich in die Welt von Jugendlichen hineinzuversetzen, probeweise ihre Perspektive einzunehmen und mit Jugendlichen zu reden. Dieses Kapitel habe ich mit der Vorstellung geschrieben, dass es auch Jugendliche lesen und davon profitieren können.

Anschließend geht es dann um gute Gespräche unter Berufskolleginnen und -kollegen. Das Besondere an Gesprächen im beruflichen Kontext sind die Rollen, die uns zugeteilt werden, und die Gesprächskultur am Arbeitsplatz, die durch viele Faktoren bestimmt wird. Ich gehe darauf ein, was beachtet werden sollte, um in diesen Rollenkonstellationen gut zu kommunizieren. Gute Gespräche am Arbeitsplatz tragen zu einer konstruktiven und befriedigenden Arbeitsatmosphäre und Betriebskultur bei.

Um nicht nur theoretisch in das Thema einzuführen, möchte ich gleich zwei Beispiele anführen – eines für eine ungünstige Kommunikation, das mir selbst passiert ist, und anschließend ein positives.

> Ich besuchte Belgrad und nahm an einem von einer serbischen Studentin geführten Stadtrundgang teil. Am Schluss führte sie unsere kleine Gruppe, die aus einer indischen Familie, einer Chinesin und mir bestand, an einen Aussichtspunkt. Wir sprachen englisch. Die Serbin äußerte ein paar Gedanken zu einem möglichen EU-Beitritt Serbiens. Die Inderin fragte mich, was ich dazu meine. Ich führte ein paar positive Aspekte der EU aus, sagte, dass ich es eine gute Idee finde. Einen Vorteil sähe ich auch darin, wenn Europa gegen (»against«) die großen Staaten wie China, Russland und USA mehr Macht bekäme. Die Chinesin war daraufhin verärgert. Warum ich »against« sage, Chinesen seien friedliebende Menschen. Wir sollten in Frieden miteinander leben. Ich entschuldigte mich und versuchte, meine Aussagen anders zu erklären. Doch sie wollte mir nicht mehr zuhören. Ich fühlte mich betroffen.

Ich habe viel darüber nachgedacht und festgestellt, wie schnell durch ein unbedachtes Wort negative Emotionen ausgelöst und Konflikte in Gang gesetzt werden können. Natürlich habe ich eine sehr ungeschickte Formulierung gewählt. Im Rückblick auf die Situation und in deutscher Sprache hätte ich zum Beispiel sagen können: Ich finde es sinnvoll, wenn die Europäer mit den großen Mächten auf Augenhöhe reden können und als Partner wahrgenommen werden. Nun – im Nachhinein ist man immer klüger, aber ich will an dem Beispiel verdeutlichen, wie wichtig unsere Wortwahl ist. Ich glaube nicht, dass sich die Chinesin mit dieser neuen Wortwahl verletzt gefühlt hätte. Nun könnte man ins Feld führen, dass Kommunikation zwischen verschiedenen Kulturen per se schon schwieriger ist. Ja, das stimmt, aber die gleichen Phänomene zeigen sich im Gespräch mit vertrauten Menschen der gleichen Kultur.

Und nun ein positives Beispiel aus einem Alltagsgespräch.

> Ein Freund sagte mir: »Ich habe mich da in etwas reingeritten.« Ich fragte ihn: »Wie geht es weiter, wenn man sich in etwas reinreitet?« Er lachte und sagte: »Ich muss einfach weiterreiten.« Meine Frage löste bei ihm Überraschung und eine positive Reaktion aus.
>
> In den darauffolgenden Tagen dachte er immer wieder an das Bild, wenn man sich »in etwas reinreitet« und wie er »weiterreitet«. Später sagte er mir, dass ihm meine Frage und die damit ausgelösten Bilder und Gedanken wirklich weitergeholfen hätten.

Das Beispiel zeigt wichtige Grundprinzipien einer gelingenden Kommunikation auf: Ich greife das Schlüsselwort »mich reinreiten« auf und stelle eine offene Frage dazu: »Wie geht es weiter?« Ich lasse Überflüssiges und Unpassendes wie zum Beispiel Kommentare, eigene Erfahrungen, Warum-Fragen oder Ratschläge weg.

Die beschriebene Art und Weise zu kommunizieren basiert nicht in allen, aber in weiten Teilen auf einer Methode, die sich *Idiolektik* nennt. Idiolektik bedeutet »Eigensprache« und geht davon aus, dass jeder Mensch seine eigene Sprache spricht. Neben Muttersprache und Dialekt gibt es eben einen *Idiolekt.* Für eine Vertiefung eignen sich andere Bücher, die unter anderem in diesem Verlag erschienen sind. Im vorliegenden Buch soll nicht die Methode im Vordergrund stehen, sondern einfach gute Gespräche und gelingende Kommunikation.

Ich habe mich über drei Jahrzehnte intensiv mit Sprache, Kommunikation und Interaktion beschäftigt. In dieser Zeit habe ich viel theoretisches Wissen und Erfahrungswissen ansammeln können. Das bedeutet allerdings nicht, dass ich im Kommunizieren in meinem privaten Alltag ein Ass wäre und alles gelingen würde. Nein, ich scheitere wie jeder andere.

Dann tröste ich mich mit einem Befund aus der Säuglingsforschung: »Mismatch and Repair«, also ungefähr »nicht Passendes reparieren«. Dieser besagt, dass die perfekte Eltern-Kind-Interaktion für die kindliche Entwicklung ungünstig wäre. Es braucht ungefähr 20 % »Mismatches«, also Unpassendes oder Missverständnisse, damit sich die Kommunikationspartner danach wieder aufeinander einstimmen können. Frei auf unsere Alltagskommunikation übertragen heißt das: Jeder fünfte Versuch zu kommunizieren darf fehlschlagen! Wichtig ist, was dann folgt. Gelingt es den Gesprächspartnern, aufeinander zuzugehen, sich gegenseitig einzulassen, offen nachzufragen und Verständnis zu entwickeln? An diesen Situationen lernen wir. Der Befund besagt aber umgekehrt auch: Vier von fünf Versuche sollten gelingen. Dieses Buch soll daher einerseits die Bereitschaft fördern, zu scheitern und daran zu lernen, und andererseits Fähigkeiten stärken, befriedigend und erfolgreich zu kommunizieren.

Ergänzend zum Buch erscheint im Verlag KIKT-TheMa – Therapeutische Materialien[2] ein Spiel. Es trägt den Titel *Wer gut fragt, gewinnt. Ein Spiel für bessere Gespräche durch gute Fragen und aktives Zuhören*. Mit diesem Spiel könnt ihr auf humorvolle Art die fünf beschriebenen Grundbegriffe Schlüsselworte, Resonanz, bildhafte Sprache, Würdigen und Zieloffenheit erkunden. Das Spiel kann auch dafür verwendet werden, sich in neuen Gruppen besser kennenzulernen. Oder du hast einfach Lust, Neues von dir bekannten Menschen in deiner Umgebung zu erfahren.

Ich wünsche dir, liebe Leserin und lieber Leser, viel Freude bei der Lektüre und beim Erkunden, Ausprobieren, Üben und Spielen.

2 Zum Verlag KIKT-TheMa kommen Sie über folgenden Link: https://kikt-thema.de/.

TEIL I: GRUNDLAGEN

Und es handelt sich darum, alles zu leben.
L e b e n Sie jetzt die Fragen.
Vielleicht leben Sie dann allmählich,
ohne es zu merken,
eines fernen Tages in die Antwort hinein.

Rainer Maria Rilke[3]

Zu diesem Text gibt es ein eigens für dieses Buch komponiertes Musikstück, das unter folgendem Link aufgerufen werden kann: https://idiolektik.de/fragen-buch/. »Wenn man die Fragen lebt«, Komposition und Klavier: Jürg Surber, Tenor: Jens Weber.

3 Rilke, R. M. (1952): Briefe an einen jungen Dichter (Insel-Bücherei Nr. 406). Wiesbaden (Insel). Dieser Auszug stammt aus einem Brief, der 1903 verfasst wurde.

2 SCHLÜSSELWORTE

Was sind Schlüsselworte?

Schlüsselworte sind Worte, die ich beim Zuhören besonders heraushöre. Sie treten durch ihren Klang oder die begleitende Körpersprache aus dem Gesagten hervor. Sie klingen nicht nur besonders, sondern sie klingen auch bei mir an. Das heißt, sie rufen bei mir als Zuhörendem eine Resonanz hervor.

»Schläft ein Lied in allen Dingen,
die da träumen fort und fort,
und die Welt hebt an zu singen,
triffst du nur das Zauberwort.«

Ersetzt man »Zauber« durch »Schlüssel« in diesem Gedicht aus dem Jahre 1838 von Joseph von Eichendorff[4], dann kommt eine poetische und sehr treffende Beschreibung von Schlüsselworten in Gesprächen heraus. Greifen wir Schlüsselworte auf und fragen einfach nach, ermöglichen wir unserer Gesprächspartnerin, zu Wort zu kommen, sich selbst zu erkunden und besser zu verstehen.

Warum ist Sprache vielschichtig?

Um zu verstehen, warum Sprache vielschichtig ist, müssen zunächst einige Besonderheiten von Sprache und ihrer Entwicklung erklärt werden. In den Anfängen der Menschheit diente Sprache zunächst vor allem dem Austausch von Gefühlen und der Regulation von Beziehungen, nicht so sehr dem Informationsaustausch. Das ist auch heute noch in vielen Situationen der Fall, ohne dass wir uns dessen bewusst sind. Durch komplexe, vernetzte Vorgänge im Gehirn wird unser Sprachausdruck laufend beeinflusst sowie durch unsere Gefühlslage modelliert. Die ausgesprochene Sprache ist unter anderem deshalb sehr vielschichtig und mehrdeutig. Über den Klang und die Körpersprache vermitteln sich laufend viele Informationen aus anderen Schichten, die die rein lexikalische Bedeutung eines Wortes begleiten und ergänzen. Ein Sprichwort sagt: »Der Ton macht die Musik.« Das bringt die Sache auf den Punkt. Wie wir etwas sagen, ist für eine gelingende Kommunikation wichtiger, als was wir sagen. Und so machen auch der Klang und der Rhythmus des Sprechenden ein Wort zum Schlüsselwort. Genau das können wir uns zunutze machen für eine gelingende Kommunikation. Kurz gesagt: Wir hören der Sprache zu, wie wir Musik lauschen, und fragen dort nach, wo es für uns als Zuhörende gut klingt. Das hört sich sehr einfach an, muss allerdings geübt werden.

4 Eichendorff, J. von (1838): Die Wünschelruthe. In: A. von Chamisso u. G. Schwab (Hrsg.): Deutscher Musenalmanach für das Jahr 1838. Neunter Jahrgang. Leipzig (Weidmann'sche Buchhandlung), S. 287.

Eine weitere Besonderheit von Sprache ist, dass jeder Mensch seine eigene Sprache spricht. Sie ist unverwechselbar und diesem Menschen eigentümlich. Ein Schlüsselwort ist ein verdichteter Ausdruck dieser Eigensprache, dieses Idiolekts.

Warum ist das Wissen um die Eigensprache wichtig?

Die Nichtbeachtung der Tatsache, dass jeder Mensch seine ganz eigene Sprache benutzt, kann zu vielen Missverständnissen führen. Beachte ich hingegen, dass jedem Menschen eine spezifische Sprache eigen ist, so ergeben sich daraus mehrere entscheidende Punkte für eine gelingende Kommunikation. Erstens muss ich davon ausgehen, dass ich nicht wirklich weiß, wovon der andere gerade spricht. Deshalb frage ich offen und ohne Vorurteil nach und lasse mir einfach mehr erzählen. Wenn es mir gelingt, meinem Gegenüber offen zu begegnen, neugierig auf seine Welt zu sein und zu bleiben, dann werde ich sicherlich Neues über diese Person erfahren. Außerdem wird mein Gegenüber so eher das Gefühl bekommen, gehört oder gar verstanden zu werden. Damit sind wir bereits an einem Kernpunkt von Kommunikation angelangt. Ich lasse meinen Gesprächspartner zu Wort kommen. Das gelingt am einfachsten, wenn wir zuhören und ab und zu eine offene Frage zu einem Schlüsselwort stellen. Die Frage sollte zudem einfach, kurz und konkret sein.

Alltagsbeispiel Schlüsselworte

Die zwei Freunde Dario und Andreas machen eine Wanderung über mehrere Tage in einem abgelegenen Gebiet. Dario fragt Andreas:

DARIO Was beschäftigt dich?

Andreas Ich bin vor Kurzem pensioniert worden. Jetzt schaue ich gerade zurück.

DARIO Was siehst du beim Zurückschauen?

ANDREAS Ich sehe ein Puzzle. Das ist fast fertig.

Dario Was ist auf dem Puzzle zu sehen?

ANDREAS Eine Landschaft mit einem Fluss, drum herum Auenlandschaft.

DARIO Das Puzzle ist fast fertig?

ANDREAS Ja, nur ein Puzzleteil fehlt noch. *(Pause)* Und das ist das, was wir gerade machen.

DARIO Ein Puzzleteil?

ANDREAS Ich war in meinem Leben oft rastlos und viel unterwegs. Wenn das Puzzle vollständig ist, tritt eine lang ersehnte Ruhe ein. Ich spüre es schon ein bisschen. Die Landschaft mit dem Fluss hat etwas Beruhigendes und sehr Schönes an sich.

Kommentar

Dario beginnt das Gespräch mit einer offenen Frage. Sie lädt Andreas ein, etwas zu erzählen, das ihn beschäftigt. Er greift das Schlüsselwort »zurückschauen« auf und stellt dazu wiederum eine offene, konkrete und einfache Frage. Diese ermöglicht es Andreas, das Bild vom Puzzle zu beschreiben. Für Andreas ist dieses Bild in der Rückschau auf sein Leben neu und überraschend.

Wenn Schlüsselworte aufgegriffen werden, wird ein Prozess beim Erzähler angestoßen. Dieser Prozess kann so in Gang kommen ohne Störung von außen durch »fremde« Worte. Dario bringt hier ja keine eigenen Worte ein, die von Andreas in Bezug auf seine eigene Rückschau auf sein einzigartiges Leben als fremd empfunden werden könnten. Er fragt einfach und offen weiter nach. Für Dario ist das Wort »Puzzleteil« am deutlichsten hörbar. Es ist stark betont und abgesetzt. Beim Zuhören klingt es in der Pause spürbar nach. Für Dario ist es das deutlichste Schlüsselwort in dieser Gesprächssequenz.

Andreas berichtet Dario ein halbes Jahr später, dass ihm dieses Gespräch, insbesondere das »Puzzleteil«, einiges bewusst gemacht habe und hilfreich gewesen sei. Hin und wieder denke er an das Gespräch zurück. Das Bild des »Puzzleteils« habe »den Nerv getroffen« und das Gespräch auf berührende Art beflügelt. Aktuell denke er zuweilen über weitere »Puzzleteile« in seinem Leben nach. Er empfinde diese nun als willkommene Zugaben.

> **Fazit Schlüsselworte**
>
> Jeder Mensch spricht seine eigene Sprache. Ohne dass es uns bewusst ist, verwenden wir Schlüsselworte, wenn wir sprechen. Diese treten durch ihren besonderen Klang und Rhythmus oder die begleitende Körpersprache aus dem Gesprochenen hervor.

Greifen wir diese auf und stellen einfache und konkrete Fragen zu ihnen, eröffnen sich dem Sprechenden neue Welten. Er kommt zu Wort. In der Kommunikation fühlt er sich gehört.

Praxis Schlüsselworte

Variante 1: Such dir eine Person und nimm dir 20 Minuten Zeit. Stell der Person eine sogenannte belanglose Frage. Hier drei Beispiele: Wie bist du heute zur Arbeit / nach Hause / nach XY gefahren? Was hast du heute erlebt? Kannst du mir mal einen Baum beschreiben? Nun hörst du dem Gesprochenen wie Musik zu. Wenn dein Gegenüber aufhört zu sprechen, stell eine einfache, kurze und konkrete Frage zu einem Wort, das bei dir angeklungen ist, das du besonders herausgehört hast.

Wenn dein Gesprächspartner Lust hat, wechselt nach 5 Minuten die Rollen. Tauscht euch jeweils kurz darüber aus, wie das Gespräch für dich als Befragten und als Fragenden gewesen ist.

Variante 2: Von Vorteil ist, wenn ihr diese Übung zu dritt macht. Der Dritte im Bunde bekommt die Aufgabe, in der oben beschriebenen Art zuzuhören und sich nur die Schlüsselworte zu merken oder zu notieren. Nach dem Gespräch benennt er die Schlüsselworte. Es ist einfacher, die Schlüsselworte zu hören, wenn du nicht selbst fragen musst. Wenn alle drei Lust dazu haben, wechselt die Rollen jeweils nach 5 Minuten.

Variante 3: Such dir eine Person und nimm dir 20 Minuten Zeit. Bitte die Person, einen kurzen Text vorzulesen. Sie könnte zum Beispiel ein beliebiges Buch aufschlagen und einen zufällig ausgewählten kurzen Abschnitt oder eine Passage aus einer herumliegenden Zeitschrift vorlesen. Du hörst dem Text wie Musik zu und schaust, welche Worte bei dir anklingen, welche du heraushörst. Stell eine einfache, kurze und konkrete Frage zu einem dieser Worte. Wenn dein Gegenüber aufhört zu sprechen, stell erneut eine einfache, kurze und konkrete Frage zu einem Wort, das er verwendet hat. Wenn dein Gesprächspartner Lust hat, wechselt nach 5 Minuten die Rollen. Tauscht euch jeweils kurz darüber aus, wie das Gespräch für dich als Befragten und als Fragenden gewesen ist.

Variante 4: Führe Variante 3 zu dritt entsprechend Variante 2 durch. Der Dritte im Bunde bekommt wieder die Aufgabe, zuzuhören und sich nur die Schlüsselworte, also die Worte, die bei ihm anklingen, zu merken oder zu notieren. Nach dem Gespräch benennt er die Schlüsselworte.

Variante 5: Spielt das Spiel *Wer gut fragt, gewinnt. Ein Spiel für bessere Gespräche durch gute Fragen und aktives Zuhören.* Statt zu würfeln, spielt ihr einen Durchlauf zum Begriff »Schlüsselworte«. Dafür müsst ihr mindestens zu zweit sein. In der Zweier-Variante kann die fragende Person drei Fragen zu Schlüsselworten stellen. Die antwortende Person wählt daraus die Frage aus, die sie am meisten anspricht, und beantwortet diese. So könnt ihr auch zu zweit das »Schlüsselwort-Prinzip« erkunden.

3 RESONANZ

Was ist Resonanz im Gespräch?

Etwas schwingt in mir mit, wenn ich dir zuhöre. Das ist Resonanz. Diesen Begriff kennt der eine oder die andere aus der Physik oder Musik. Hier in der Kommunikation beschreibt er die körperliche Reaktion, die Bewegung, die Schwingung, die ich empfinde, wenn ich meinem Gegenüber zuhöre. Dass die Begriffe Schlüsselworte und Resonanz viel miteinander zu tun haben, wurde schon im letzten Kapitel klar. Denn genau die Resonanz, die ich spüre beim Zuhören, zeigt mir an, wenn ein Schlüsselwort gebraucht wird. Nun mag jemand einwenden, dass das nicht objektiv sei, weil die eine Person bei einem anderen Wort eine Resonanz verspürt als die nächste. Das ist richtig und weist darauf hin, dass die Resonanz auf ein Schlüsselwort ein intersubjektives Phänomen ist. Das heißt, es findet zwischen zwei Lebewesen statt und ist in der Tat einzigartig für diese zwei Menschen in dieser gegebenen Situation. Lässt man einen Text in einem großen Publikum vorlesen und bittet die Zuhörer, dem Text entspannt zuzuhören, als würden sie Musik lauschen, und fragt man sie anschließend: »Welches Wort ist hängen geblieben?«, dann wird man feststellen, dass viele Menschen ähnliche Worte als besonders ausgesprochen wahrnehmen. Daraus können wir schließen, dass es schon einige objektive Kriterien für ein Schlüsselwort gibt. Dazu zählen Lautstärke, Wohlklang, Intonation und Hervorhebung durch Pausen vor und nach dem Wort. Wenn ein Wort wiederholt wird, ist dies ebenfalls ein Hinweis auf ein Schlüsselwort. Genau dieses Zuhören kann man üben, seine Fähigkeiten für dieses musikalische Zuhören von Sprache ausbauen. Auf der anderen Seite geht es neben der Fähigkeit des differenzierten Hörens aber auch um eine innere Haltung. Ich vertraue auf meine Resonanz. Ich traue den Reaktionen meines Körpers. Dies ist eine Form des Selbstvertrauens, das manchen Personen mehr gegeben ist als anderen. Aber auch dieses Selbstvertrauen kann ich lernen und stärken.

Wie kann ich Selbstvertrauen in meine Resonanz stärken?

Ich kann meine Fähigkeit zur Resonanz üben und mein Selbstvertrauen darin stärken, wenn ich immer wieder das »musikalische Zuhören« wie beschrieben ausprobiere und mir Feedbacks dazu einhole. Dafür braucht es einen Raum für Reflexion und bestätigende Erfahrungen. Wenn ich die Erfahrung mache, dass ein bewegendes Gespräch entsteht, indem ich auf meine Resonanz vertraue, dann stärkt diese Erfahrung mein Selbstvertrauen. Je häufiger ich diese Erfahrung mache, desto sicherer werde ich darin. Dabei ist die Gewissheit hilfreich, dass ich nichts falsch machen kann. Solange ich die nonverbalen Signale meines Gegenübers wahrnehme und offen bin für dessen Reaktionen, kann in der Tat nicht viel Schlimmes passieren. Ich kann jederzeit sagen: Das war wohl nicht so eine passende Frage. Über was möchtest du jetzt weitersprechen? Wir bleiben offen dafür, uns jederzeit von unserem Gegenüber korrigieren zu lassen. Diese Art der Reaktion ist nicht nur respektvoll, sondern in ihr kommt auch etwas zum Ausdruck, was man als Zieloffenheit bezeichnen kann. Ich bin offen für den Weg und das Ziel des anderen.

Was bedeutet Zieloffenheit für die Resonanz?

Wenn ich aufgrund einer eigenen Resonanz an einer Stelle nachfrage, die für meinen Gesprächspartner nicht passt, oder wenn er mir plötzlich zu nah oder zu weit weg scheint, dann bedeutet Zieloffenheit, dass ich darauf flexibel reagieren kann. Genau diese Erfahrung ist für unser Gegenüber sehr wichtig. Er braucht nur das zu erzählen, was er möchte, worauf er in diesem Moment Lust hat oder was ihm wichtig ist. So kann er sich sicher und ernst genommen fühlen.

Resonanz hängt von beiden Seiten ab, wie eine Saite, die an zwei Punkten befestigt ist und dazwischen gespannt wird: Zwischen diesen Punkten (den beteiligten Personen oder Resonanzkörpern) beginnt sie zu schwingen. Dabei gehen von meiner Seite alle meine Erfahrungen mit ein, die ich bisher in meinem Leben gemacht habe. Es kann nun passieren, dass ich die Saite durch frühere eigene intensive emotionale Erfahrungen sehr stark in Schwingung versetze. Das kann für die andere Seite, mein Gegenüber, ein Zuviel an Schwingung bedeuten. Wie kann ich nun damit umgehen?

Wie gehe ich damit um, wenn zu viel Resonanz entsteht?

Wenn auf meiner Seite starke Schwingungen ausgelöst werden, die dem anderen zu viel sind, gibt es mehrere Möglichkeiten, damit umzugehen. In der konkreten Situation ist es zunächst wichtig, sich selbst wahrzunehmen und zu regulieren. Was brauche ich jetzt für mich? Wäre zum Beispiel eine Pause oder etwas Bewegung hilfreich?

Dann ist es wichtig, die Vorgänge, Gefühle und Gedanken in einer kurzen und einfachen Form meinem Gegenüber transparent zu machen. Das erfordert Übung.

Eine weitere Antwort auf die Frage, wie ich mit zu viel Schwingung meinerseits umgehen kann, ist, mich gegebenenfalls mit professioneller Hilfe oder in anderer Form mit mir selbst zu beschäftigen. Hilfreiche Fragen an mich selbst können sein: Was habe ich erlebt, dass ich durch so eine Aussage so stark in Schwingung versetzt werde? Was ist es, was mich so stark emotional mitschwingen lässt? Welches Erlebnis wird da bei mir aktiviert? Und auch: Was habe ich gemacht, um mich zu beruhigen? Was kann ich jetzt tun, um mich zu beruhigen? Was brauche ich für zukünftige Situationen?

Die »Resonanzkatastrophe«, wie ein solches Phänomen in der Physik heißt, ist allerdings sehr, sehr selten. Der Begriff wurde in Zusammenhang mit der Tacoma-Narrows-Brücke verwendet, die im Jahre 1940 in den USA zum Einsturz gebracht wurde, weil starke tangentiale Winde zu einem Aufschaukeln der Eigenschwingung führten.

Kehren wir zum Regelfall zurück. Im Allgemeinen ist es für mein Gegenüber angenehm und vertrauensfördernd, wenn ich mitschwinge, ohne ihn zu bedrängen.

Wie kann ich Resonanz bemerken?

Resonanz zeigt sich häufig durch eine Körperempfindung wie zum Beispiel ein Kribbeln, ein Wärmeempfinden, einen tiefen Atemzug oder das Gefühl, dass irgendwo im Körper ein Raum aufgeht. Dabei halte ich besonders Ausschau nach den angenehmen, wohligen, positiven Reaktionen. Die negativen, wie zum Beispiel Anspannung, ein Engegefühl, das Anhalten des Atems, nehme ich auch wahr und nutze sie als Signal dafür, das Gespräch in eine andere Richtung zu lenken. Ich kann fragen: Worüber möchtest du jetzt gerne weitersprechen? Möchtest du über etwas anderes sprechen? Was wäre das Gegenteil von dem, was du gerade gesagt hast? Auch hier ist es die Zieloffenheit, die mir an diesen Engpässen weiterhilft.

Der Begriff der Resonanz ist für Gespräche und Begegnungen so zentral, dass er geradezu als Kompass dienen kann. Spüre ich eine angenehme Resonanz, kann ich einfach weitersegeln. Spüre ich Enge, nehme ich einen anderen Kurs.

Was sind günstige Voraussetzungen für Resonanz?

Wichtig, um für Resonanz offen zu sein, ist zuallererst, dass ich mich wohl und sicher fühle. Ist das nicht der Fall, muss ich erst für mich selbst sorgen.

Dann braucht Resonanz Raum und Zeit. Ich kann mich bewusst dafür entscheiden, mir den benötigten Raum und die Zeit zu nehmen. Ich mache mich dann erst einmal innerlich leer in dem Sinne, dass ich keine bewusst gesetzten eigenen Ziele verfolgen möchte. Ich schalte stattdessen auf Empfang. Ich bin bereit, mich in Schwingung versetzen, mich berühren zu lassen.

Für unsere alltägliche Kommunikation braucht es erst einmal einen Rahmen, in dem ich mich mit meinen Resonanzphänomenen beschäftigen kann. Ich brauche dafür Raum zum Reflektieren. Denn Resonanz findet ständig, meist unreflektiert statt und bestimmt sehr stark, wie ich kommuniziere, ohne dass mir das bewusst sein muss. Kleine Übungen können mir dabei helfen.

Alltagsbeispiel Resonanz

Ein Freund, der mich besuchte, sagte am Morgen:

FREUND Ich hatte einen sonderbaren Traum.

ICH Was hast du geträumt? *(Pause)*

FREUND Ich habe von meinem Tod geträumt. *(Pause)*

ICH Wie war das?

FREUND Ich bin in einer sanften, hügeligen und bewaldeten Landschaft. Dann liege ich oben auf dem Hügel und weiß, dass jetzt der Übergang kommt. *(Pause mit einer intensiven Stille)*

ICH Wie ist das?

FREUND Es ist unglaublich friedlich. *(Hat Tränen in den Augen)*

ICH Es berührt mich sehr, wie du davon sprichst. *(Pause)*

FREUND So möchte ich gerne sterben.

Kommentar

Obwohl dieses Gespräch schon einige Jahre her ist, erinnere ich mich gut daran. Die Resonanz, die in diesem Gespräch zwischen uns entstand, ist heute für mich immer noch spürbar. Mein Freund wendet sich mit einer Bemerkung zu einem Traum an mich. Ich stelle ihm drei einfache offene Fragen, durch die er wieder in die Atmosphäre des Traumes einsteigen kann. So kann er ihn aus dem Wachbewusstsein heraus nochmals erleben und das Thema des Übergangs und des Todes auf eine andere Bewusstseinsebene heben.

Mit Resonanz im Kontext von Gesprächen ist hier nicht einfach nur ein gutes und thematisch berührendes Gespräch gemeint, sondern eine ganz spezifische Körperreaktion auf ein ausgesprochenes Wort. Bei mir waren es die Wörter »Tod«, »Hügel« und »friedlich«, die ein Kribbeln im Brust- und Bauchbereich ausgelöst haben. Diese Körperempfindung zeigt mir an, dass es sich um Schlüsselworte handelt. Im Gesprächsverlauf entstanden viele Pausen mit einer intensiv erlebten Stille. Besonders in Pausen kann Resonanz entstehen und weiterklingen. Das Gesagte kann gewissermaßen in der Stille zum Schwingen kommen. Meine letzte Bemerkung »Es berührt mich sehr, wie du davon sprichst« ist eine Würdigung dieser Resonanz zwischen uns. Eine solche Bemerkung wäre vielleicht gar nicht nötig gewesen, kann allerdings auch den besonderen Moment verstärkt haben. Später sagte mir mein Freund, diese Rückmeldung von mir habe er als sehr angebracht empfunden, da sie Verständnis, Mitgefühl und Verbindung zwischen uns stärkte.

Wir erinnern uns gegenseitig manchmal an dieses Gespräch, insbesondere an die Resonanz, die Stille und die Atmosphäre auf dem Hügel. Für mich ist dieses Gespräch wie eine Verbindung innerhalb unserer Freundschaft. Vor Kurzem fragte ich meinen Freund, ob ich das Gespräch als Beispiel für Resonanz in einem persönlichen Gespräch verwenden dürfe. Er sagte mir, er habe damals eine sehr tiefe Resonanz mit mir erlebt. Es habe ihm gefallen und geholfen, wie behutsam ich gewesen sei, wie lange ich habe warten können und den Mut zur Stille gehabt hätte.

Fazit Resonanz

Ich höre der gesprochenen Sprache zu, als würde ich einem Musikstück lauschen. Ich achte dabei weniger auf den Inhalt, sondern mehr darauf, was angenehm klingt, was bei mir anklingt. Ich vertraue auf meine Resonanz, insbesondere meine

Körperempfindungen. Am besten entsteht Resonanz, wenn ich keine eigenen Ziele verfolge. Resonanz ist ein hervorragender Kompass für Gespräche. Resonanz ist jedoch nicht leicht zu fassen und erfordert besondere Beachtung.

Praxis Resonanz

Variante 1 (allein): Hör etwa 1 Minute eines Musikstückes, das dir besonders gefällt. Danach hörst du einem gesprochenen Text in ähnlicher Weise zu. Merke dir einzelne Worte, die sich herausheben und bei dir anklingen. Erstelle eine Stichwortliste mit diesen Worten. – Als mögliche Ergänzung zur Übung kannst du dich selbst fragen, was dir zu diesen Worten einfällt.

Variante 2 (zu zweit): Hör etwa 1 Minute eines Musikstückes, das dir besonders gefällt. Dein Gesprächspartner liest dir im Anschluss einen kurzen Text von drei bis fünf Zeilen Länge vor, wobei der Inhalt des Textes keine Rolle spielt. Hör dem vorgelesenen Text in ähnlicher Weise zu wie vorher der Musik. Merke dir einzelne Worte, die sich herausheben und bei dir anklingen. Stelle zu einem dieser Worte eine offene und einfache Frage und warte die Antwort ab. Hört dein Gegenüber auf zu sprechen, stelle ihm wieder eine offene Frage. Das Ganze machst du drei Mal. Tauscht euch kurz über das Erlebte aus und wechselt dann die Rollen.

Variante 3 (zu dritt): Der Ablauf ist wie in Variante 2 (zu zweit). Die dritte Person hört einfach zu, erstellt eine Stichwortliste mit den herausklingenden Worten und gibt am Ende des kurzen Gespräches eine Rückmeldung zu der Liste. Als Ergänzung kann sie auch erläutern, was an dem jeweiligen Wort für sie besonders geklungen hat.

Variante 4 (zu zweit): Hör wie in Variante 2 etwa 1 Minute eines Musikstückes, das dir besonders gefällt. Dein Gesprächspartner liest dir im Anschluss einen kurzen Text von drei bis fünf Zeilen Länge vor, wobei der Inhalt des Textes keine Rolle spielt. Hör dem vorgelesenen Text in ähnlicher Weise zu wie der Musik. Merke dir einzelne Worte, die sich herausheben und bei dir anklingen. Dann erklärst du deinem Gegenüber, aufgrund welcher klanglichen Merkmale (zum Beispiel Betonung,

Rhythmus, Wohlklang, Geschwindigkeit, Pausen) du die Worte herausgehört hast.

Variante 5: Spielt das Spiel *Wer gut fragt, gewinnt. Ein Spiel für bessere Gespräche durch gute Fragen und aktives Zuhören.* Statt zu würfeln, spielt ihr einen Durchlauf zum Begriff »Resonanz«. Dafür müsst ihr mindestens zu zweit sein. In der Zweier-Variante kann die fragende Person drei Fragen stellen zu einem Wort, welches eine Körperempfindung auslöst. Die antwortende Person wählt daraus die Frage aus, die sie am meisten anspricht. So könnt ihr auch zu zweit das »Resonanzphänomen« erkunden.

4 BILDHAFTE SPRACHE

Warum ist bildhafte Sprache so ergiebig?

»Ein Bild sagt mehr als tausend Worte« ist eine Metapher dafür, dass ein Bild weitaus mehr aussagen kann als reiner Text. Dass unsere Alltagssprache selbst voll ist von Sprachbildern, wird uns normalerweise wenig bewusst. Bei Redewendungen springt dieser Aspekt von Sprache aber besonders ins Auge: »Der Apfel fällt nicht weit vom Stamm.« Man kann nun im Lexikon oder bei Wikipedia nachschauen, was mit dieser Redewendung gemeint ist, welche Bedeutung dieser Metapher im Allgemeinen zugesprochen wird. Viel spannender und belebender für unsere Kommunikation ist es hingegen, sich die Bilder, die in der Redewendung auftauchen, beschreiben zu lassen: »Wie sieht der Stamm aus?« oder »Was für ein Apfel ist das?« bzw. »Wie weit fällt der Apfel vom Stamm?«. Diese Fragen ermöglichen Beschreibungen auf der bildhaften Ebene, welche in unserem Kopf unmittelbar aktiviert wird, sobald wir dieses Sprichwort hören. Sie knüpfen also direkt an den Bildern an. Wenn ich diese Fragen gestellt bekomme, muss ich nicht über die Bedeutung der Redewendung nachdenken, sondern kann mir einfach die Bilder, die in meinem Kopf auftauchen, »ausmalen«. Die Bedeutung, also die symbolische Ebene, läuft dabei unwillkürlich im Hintergrund mit, auch wenn ich nicht explizit über sie rede. Das hat mehrere Vorteile. Zunächst ist es einfacher über Bilder zu sprechen als über Bedeutungen. Ein weiterer Vorteil ist, dass Bilder in unserem Gehirn breiter vernetzt und mehrdeutig sind. Dadurch bekommen sie etwas Öffnendes. Indem ich über Bilder spreche, kann ich gewohnte Bedeutungsmuster verlassen. So bekomme ich Zugang zu meiner Intuition und Kreativität.

Um die breitere Vernetzung, die Komplexität und das Potenzial von Sprachbildern zu erfassen, ist es nötig, einen kurzen Ausflug in die Entwicklungspsychologie zu machen. In Sprachbildern werden Eindrücke aus den verschiedenen Wahrnehmungsarten wie Sehen, Riechen, Hören, Tasten und der Tiefenempfindung (*Propriozeption*, dazu später mehr) miteinander verknüpft und mit erlebten Gefühlen verbunden. Ab dem Zeitpunkt, wenn ich mir Bilder merken kann, was ungefähr im Alter von einem Jahr der Fall ist, verknüpfe ich erlebte Eindrücke mit Bildern. Man nennt diese Verknüpfungen auf der Ebene des Gehirns neuronale Netze. So ist der Begriff des Apfels mit einem Bild und mit zahlreichen erlebten Eindrücken verbunden.

Stell dir vor, du bist 2 Jahre alt, kannst schon ein paar Monate laufen und bist auf Entdeckungstour durch den Garten. Einige reife Äpfel sind vom Baum in die Wiese gefallen. Die rote Farbe macht dich neugierig. Du hebst einen Apfel auf, spürst sein Gewicht in deiner Hand. Du führst ihn zur Nase und riechst daran. Den Duft findest du betörend. Allein bis zu diesem Zeitpunkt hast du schon vier Sinne mit dem Bild des Apfels verknüpft: Sehen, Riechen, Tasten und die Tiefenempfindung. Darunter verstehen wir die Wahrnehmung, die dir Sensoren in deinen Muskeln und Sehnen aus der Tiefe deines Körpers vermitteln. Sie vermitteln dir Informationen über deine Lage im Raum und die Stellung verschiedener Körperteile sowie deren Veränderung als Bewegung mitsamt dem Empfinden für Schwere, Spannung und Geschwindigkeit. Du spürst die Strahlen der Herbstsonne auf deiner Haut. Auch der Apfel ist von ihnen angewärmt: Wärmeempfindung!

In diesem Moment sieht dich deine gleichaltrige Freundin von nebenan. Sie kommt neugierig zu dir und will wissen, was du entdeckt hast. Stolz zeigst du ihr deinen neuen Fund. Sie freut sich. Du freust dich. Nun werden Emotionen mit dem Bild des Apfels verknüpft. Du beißt hinein und hörst das Geräusch, das dabei entsteht. Der Geschmack ist umwerfend, eine Mischung aus süß, sauer und fruchtig. Der Saft spritzt. ...

Wir könnten das Gedankenspiel weiter fortsetzen. Aber schon jetzt wird die Komplexität eines »simplen« Apfelbildes deutlich. Das Potenzial liegt in den zahlreichen Verknüpfungen, die gewissermaßen im Bild des Apfels schlummern. Sie können wachgerufen werden, wenn ich offene Fragen dazu gestellt bekomme. Fragen nach den verschiedenen Sinneseindrücken verstärken zudem die neuronale Vernetzung des Begriffes im Hier und Jetzt.

Noch ein anderer wichtiger Aspekt sei erwähnt: Das neuronale Netz zu einem Begriff ist nichts Fixes, sondern es entwickelt sich fortlaufend. Mit jedem Erlebnis mit einem Apfel und mit jedem Gespräch über Äpfel ändert sich das Netzwerk. Dies zeigt das Potenzial von Gesprächen auf. Entscheidend ist, wie wir Gespräche führen. Solange ich in einer Verteidigungshaltung bin, wird sich wenig ändern. Denn ich muss ja meine Sicht der Dinge verteidigen. Sobald ich in eine Annäherungshaltung komme, kann ich meine Bilder und damit meine Sicht weiterentwickeln. Ich kann sie ausbreiten, schauen, wo es mich hinzieht, was mich interessiert. Das Geniale am Thema der Sprachbilder ist, dass die neuronalen Netze in dem Moment aktiviert werden, wenn ich eine Frage zu einem Bild bekomme. Als Fragende muss ich »nur« einfache offene Fragen zu den konkreten Begriffen stellen, die mein Gesprächspartner verwendet. Damit kommt das Gespräch in Gang.

Es braucht ein wenig Mut, diese einfachen Fragen zu stellen. Dieser Mut überwindet die Selbstverständlichkeit, mit der wir annehmen, wir wüssten, was der andere meint. Es liegt aber auch eine große Freiheit in dieser Art zu fragen. Wir können eingefahrene Muster verlassen. Wir erfahren neue Dinge über uns und unsere Gesprächspartnerin.

Alltagsbeispiel bildhafte Sprache

Das in der Einführung erwähnte Beispiel aus einem Alltagsgespräch mit einem Freund illustriert gut das Potenzial von Sprachbildern.

FREUND Ich habe mich da in etwas reingeritten.

ICH Wie geht es weiter, wenn man sich in etwas reinreitet?

FREUND *(lacht)* Ich muss einfach weiterreiten.

Kommentar

Die Formulierung »ich habe mich da in etwas reingeritten« ist eine spontane bildhafte Beschreibung einer aktuell von ihm erlebten Situation. Ich könnte nun versuchen, diese Formulierung zu interpretieren, oder ich könnte ihn fragen, was für ihn »sich in etwas hineinreiten« bedeutet. Stattdessen greife ich seine bildhafte Formulierung auf und stelle eine offene Frage dazu: »Wie geht es weiter, wenn man sich in etwas reinreitet?« Diese Frage greift das Sprachbild des Reitens, genauer: »sich in etwas reinreiten«, auf und öffnet das Bild in die Zukunft. Der Freund lacht daraufhin und sagt: »Ich muss einfach weiterreiten.« Meine Frage löst bei ihm Überraschung und eine positive Reaktion aus.

Das Günstige an meiner Intervention ist, dass mein Freund sich nicht rechtfertigen muss. Er muss sich nicht erklären. Er muss mir nicht einmal erzählen, um welche problematische Situation es sich handelt. Dies erfordert meinerseits die Zurückhaltung meiner Neugier. Gleichzeitig ist eine wohlwollende Zuwendung hin zu seiner Person und zu seiner Reaktion, wie immer sie auch ausfallen wird, hilfreich.

In den darauffolgenden Tagen denkt er immer wieder an das Bild, wie das ist, wenn man sich »in etwas reinreitet« und wie er »weiterreitet«. Später sagt er mir, dass ihm meine Frage und die damit ausgelösten Bilder und Gedanken wirklich weitergeholfen hätten. Ich vermute, dass das Hilfreiche an dieser kleinen Gesprächssequenz für ihn war, dass er nicht über seine Gefühle sprechen musste. Mit diesen hatte er sich offenbar bereits sehr beschäftigt und keinen Ausweg gefunden. Nun konnte er stattdessen über ein Bild fantasieren, es einmal durchspielen, wie es auf der bildhaften Ebene wäre, »einfach weiterzureiten«. Es ist ja »nur« ein Bild. An seiner Reaktion wird ersichtlich, dass er das spielerisch machen kann. Er lacht. Das weiterentwickelte Bild des »Weiterreitens« hat ihn offenbar stimuliert, in eine neue, bisher nicht bekannte Richtung weiterzudenken.

Fazit bildhafte Sprache

Bilder sind vielschichtig, mehrdeutig und in unserer Alltagssprache zahlreich vorhanden. In Bildern sind unterschiedlichste Sinneseindrücke und Erlebnisse miteinander verknüpft gespeichert. Diese werden wachgerufen, wenn wir einfach, offen und konkret nach den verwendeten Bildern fragen. Für eine befriedigende Kommunikation ist es sehr hilfreich, Bilder aufzugreifen. Unser Gesprächspartner bekommt dadurch die Gelegenheit, etwas über sich selbst zu erfahren, sich etwas bewusst zu machen und sein eigenes Verhalten besser zu verstehen.

Praxis bildhafte Sprache

Variante 1: Such dir eine Person (A) und nimm dir (B) 20 Minuten Zeit. Sag A, sie möge sich entweder ein Haus, einen Baum oder eine Frucht vorstellen. Du frägst sie: »Wie sieht dein/deine ... aus?« oder »Kannst du mir dein/deine ... beschreiben?« Wenn dein Gegenüber aufhört zu sprechen, stell eine einfache, kurze und konkrete Frage zu einem Detail des Bildes, das A erwähnt hat. Du frägst nicht nach Aspekten der Bilder, auf die du besonders neugierig bist, sondern nur nach Worten, die A tatsächlich verwendet hat.
Wenn dein Gesprächspartner Lust hat, wechselt nach 5 Minuten die Rollen. Tauscht euch jeweils kurz darüber aus, wie das Gespräch für dich als Befragten und als Fragenden gewesen ist.

Variante 2: Von Vorteil ist es, wenn ihr diese Übung zu dritt macht. Der Dritte im Bunde (C) bekommt die Aufgabe, nur zuzuhören und nach dem Gespräch rückzumelden, welche Sprachbilder er gehört hat und welche Fragen er gestellt hätte.

Wenn alle drei Lust dazu haben, wechselt die Rollen von A, B und C jeweils nach 5 Minuten.

Variante 3: Such dir eine Person (A) und nimm dir (B) 20 Minuten Zeit. Frage A nach einem Erlebnis aus der letzten Woche, das sie gefreut hat. Hör besonders auf bildhafte Sprachelemente und stell dazu eine einfache, kurze und konkrete Frage. Dieses Prinzip wendest du weiter an, bis deine Gesprächspartnerin signalisiert, dass das Gespräch zu Ende ist.

Wenn deine Gesprächspartnerin Lust hat, wechselt nach 5 Minuten die Rollen. Tauscht euch jeweils kurz darüber aus, wie das Gespräch für dich als Befragten und als Fragenden gewesen ist.

Variante 4: Spielt das Spiel *Wer gut fragt, gewinnt. Ein Spiel für bessere Gespräche durch gute Fragen und aktives Zuhören.* Statt zu würfeln, spielt ihr einen Durchlauf zum Begriff »Bilder«. Dafür müsst ihr mindestens zu zweit sein. In der Zweier-Variante kann die fragende Person drei Fragen zu einem Sprachbild stellen. Die antwortende Person wählt die Frage aus, die sie am meisten anspricht, und antwortet darauf. So könnt ihr auch zu zweit erfahren, wie bildhaft unsere Alltagssprache ist.

5 WÜRDIGEN

Was bedeutet Würdigen für menschliche Begegnung?

Die Würde des Menschen ist unantastbar! So steht es nicht nur im ersten deutschen Grundgesetz, sondern auch in der europäischen Grundrechtecharta und in der Allgemeinen Erklärung der Menschenrechte der Vereinten Nationen. Aus philosophischer Sicht ist dieser Grundsatz nicht ein Recht im engeren Sinne, sondern die Grundlage der Menschenrechte. Die Würde des Menschen kann nicht erteilt oder genommen werden. Ich kann sie allerdings verlieren, wenn ich andere Menschen unwürdig behandle. Die Würde ist eng verknüpft mit der Freiheit des einzelnen Menschen. Wenn sich Menschen begegnen, wird unmittelbar und unwillkürlich ein Raum zwischen ihnen kreiert. In diesem Raum können Freiheit und Würde weniger oder mehr existieren. Im besten Fall wird dieser Raum so geschützt, dass sich der Mensch zeigen kann, wie er ist. Verbundenheit, Autonomie und Verletzlichkeit werden anerkannt. Würdigen ist in erster Linie eine Grundhaltung.

Das Anliegen dieses Buches ist es, einen bescheidenen Beitrag dazu zu leisten, in unserer alltäglichen Kommunikation die Würde und Freiheit jedes einzelnen Menschen stärker zu achten. Es geht hier weniger um das große existenzielle Thema der Menschenwürde, sondern mehr um die kleinen Dinge des Alltags. Wie kann ich dieses Ziel erreichen?

Dies kann gelingen, indem ich versuche, in ganz konkreten Situationen mein Gegenüber in seiner individuellen Wahrnehmung und als Ganzes zu würdigen und anzuerkennen. Das Würdigen kommt aus meiner Sicht in unserer heutigen Zeit zu kurz. Mit dem Vorgang des Würdigens ist dabei nicht bloß ein Lob gemeint, das häufig ein Gefälle markiert zwischen dem, der lobt, und derjenigen, die gelobt wird. Gemeint ist vielmehr eine umfassende Anerkennung dessen, was ist, auf Augenhöhe. Das kann kleine sogenannte Nebensächlichkeiten, aber auch existenzielle Lebensthemen betreffen. Viele Konfliktmuster in unserer Kommunikation könnten sich auflösen, wenn es uns gelingen würde, einen Schritt zurückzutreten und das zu würdigen, was unser Gegenüber verletzt hat, traurig macht oder in Rage bringt. Es geht also »nur« darum, dasjenige zu würdigen, was unser Gegenüber gerade beschäftigt, umtreibt.

Dass das nicht einfach ist in Partnerschaften, familiären oder beruflichen Beziehungen, ist offensichtlich, erstens, weil wir Rollen zugeschrieben bekommen, und zweitens, weil wir gefangen sind in unseren Kommunikationsmustern. Manchmal wissen wir allzu gut, wie wir die »roten Schalter« bei unserem Gegenüber drücken können. Dies geschieht häufig nicht einmal mit Absicht, sondern unmittelbar und unbewusst. Es entspricht unseren eingefahrenen Gewohnheiten.

In diesem Kapitel möchte ich daher das Potenzial des Würdigens aufzeigen, das dazu verhelfen kann, aus diesen routinierten Gewohnheiten auszusteigen: einen Zwischenhalt einlegen, schauen, was mein Gegenüber gerade sagt, und dies anerkennen ohne Wenn und Aber. Damit dieses gelingen kann, müssen wir uns von der Vorstellung lösen, den anderen ändern zu wollen. Und wir müssen den Vorgang des Würdigens üben. Würdigen ist eine Kompetenz, die in der Regel gelernt werden muss, weil wir im Laufe unserer Erziehung und Sozialisation eine Defizitorientierung und eine Fixierung auf Ergebnisse gelernt haben, die tief sitzt. Wenn es uns gelingt, die Würde eines Menschen ein Stück weit wiederherzustellen, dann ist sehr viel erreicht. Wir helfen ihm dann, sich selbst in der gegebenen Situation so anzunehmen, wie er ist, wie er sich gerade fühlt. Der Kampf, anders sein, anders fühlen zu müssen, kann einen Schritt weit aufgegeben werden. Im buddhistischen Denken nennt sich das »Transformation durch Anerkennung«. Im Grunde ist es ein Paradox: Ich kann mich erst ändern, wenn ich anerkannt werde in dem, wie ich bin.

Was sind »gute Gründe«?

Hilfreich für den Vorgang des Würdigens kann es sein, für jedes Tun »gute Gründe« anzunehmen, d. h. tiefer liegende Beweggründe für unser Verhalten. Diese sichern unser Überleben und sind darauf ausgerichtet, die psychologischen Grundbedürfnisse wie Selbstwert, Sicherheit, Kontrolle, Bindung und Orientierung zu befriedigen. »Gute Gründe« sind oft unbewusst und wurzeln im impliziten Wissen. Beim Vorgang des Würdigens unterstelle ich dem Verhalten meines Gegenübers einfach »gute Gründe«. Dadurch erhält er einen Vorschuss an Vertrauen und Anerkennung. Diese Haltung ermöglicht es unserem Gegenüber, sich auch seinem ihm bisher unverständlichen Verhalten zuzuwenden, dies auszukundschaften und ein Stück weit anzunehmen.

Nach »guten Gründen« kann ich direkt oder auch indirekt fragen: »Du wirst gute Gründe dafür haben! Fällt dir dazu etwas ein?« Oder: »Auf welche Frage oder in welcher Situation wäre dein Verhalten eine sinnvolle oder angemessene Antwort?«

Besonders in privaten Beziehungen fällt es nicht immer ganz leicht, dem Verhalten meines Gegenübers »gute Gründe« zu unterstellen. Manchmal ärgert mich eine Bemerkung oder ein Verhalten und ich empfinde das als gegen mich gerichtet. In solchen Momenten ist es günstig, erst einmal abzuwarten, etwas Zeit vergehen zu lassen, bis sich das aufgewühlte Wasser beruhigt hat. In einem ruhigen Moment kann ich dann nach den »guten Gründen« fragen und damit etwas über die Perspektive meines Gegenübers erfahren. Auf diese Weise vermag er sich gesehen, gehört und in seinem »Sosein« gewürdigt fühlen.

Wie geht Würdigen in der Alltagskommunikation?

Würdigen kann in ganz unterschiedlichen Worten geschehen, wenn ich zum Beispiel meinem Gegenüber zugehört habe und dazu eine anerkennende Bemerkung mache. Wichtig ist, dass diese Worte zu mir passen und ich sie für mich als stimmig erlebe. Sonst nimmt mir das mein Gegenüber nicht ab, es würde gekünstelt wirken. Das bedeutet auch, dass ich beim Zuhören diesen Schritt zurück, diesen Zwischenhalt einlegen muss, um überhaupt erst einmal zu spüren, was den anderen »wirklich« beschäftigt. Günstig ist es, wenn wir unsere Würdigung in einer »Ich-Botschaft« formulieren. So laufen wir weniger Gefahr, unser Gegenüber zu beurteilen. Unsere Formulierung könnte zum Beispiel so lauten: »Ich höre, dass dich ... sehr beschäftigt!«, »Ich habe den Eindruck, dass dich ... verletzt hat! Es bewegt mich, dass du mir dies erzählst!«, »Ich habe großen Respekt vor deinen vielen Versuchen, das zu bewältigen. Ich stelle mir vor, das muss unglaublich anstrengend sein! Woher nimmst du die Energie, das auszuhalten? Wie schaffst du das?«, »Ich bewundere deine Sorgfalt und Genauigkeit in ...«.

Wenn ich eine würdigende Bemerkung mache, ist es wichtig, danach eine offene Frage zu stellen: »Was meinst du dazu?«, »Was geht dir durch den Kopf, wenn du das hörst?«, »Wie ist das für dich?«, »Wie siehst du das?«. Damit geben wir unserem Gegenüber die Chance, unsere Bemerkung abzulehnen, zu bestätigen oder zu korrigieren. Seine Reaktion wiederum gilt es, hundertprozentig stehen zu lassen. Wenn ich mich dazu hinreißen lasse, etwas dagegenzuhalten oder zu diskutieren, mache ich den Vorgang des Würdigens zunichte. Dies ist nicht ganz einfach und umso schwieriger, je mehr ich selbst emotional involviert bin. Andererseits kann es auch für mich sehr erfüllend und befriedigend sein, wenn mir ein Moment der Würdigung eines mir nahestehenden Menschen gelingt. So ist das Würdigen keine einseitige Sache, sondern bereichert unsere Kommunikation gegenseitig.

Alltagsbeispiel Würdigen

Ein Vater sitzt mit seinem 20-jährigen Sohn auf einer Terrasse. Sie schauen dem Sonnenuntergang zu.

VATER Was geht dir durch den Kopf?

SOHN Mir gehen verschiedene Reisen durch den Kopf.

VATER Möchtest du mir von einer erzählen?

SOHN Ich war mit Sonja mit einem Kanu in der Wildnis unterwegs. Wir haben viele schöne Sonnenuntergänge gesehen.

VATER Was hat dir bei der Reise besonders gefallen?

SOHN Einmal haben wir selbst eine Schwitzhütte gebaut.

VATER Wie habt ihr das gemacht?

SOHN Wir haben Steine gesammelt und diese im Feuer erhitzt. Zuvor haben wir in einem Unterschlupf mit einer Plane einen Bereich zugemacht, in den wir die Steine hineingetragen haben. Es hat voll funktioniert, selbst um einen Aufguss zu machen.

VATER Wow, Respekt, dass ihr das geschafft habt! Was ist es, das dir dabei wichtig ist und Freude macht?

SOHN In der Natur etwas aus einfachen Mitteln zu kreieren und dies mit jemandem zusammen zu machen, der auch darauf abfährt.

VATER Toll, dass du so etwas machst und dass du jemanden hast, die das mit dir teilen kann.

SOHN Das stimmt. *(Eine Weile schauen sie schweigend zum Himmel, der sich allmählich verfärbt.)* Das ist für mich Freiheit.

Kommentar

Unter dem Aspekt der Würdigung sind in dieser Gesprächssequenz zwei Momente herauszuheben. Nach der Schilderung des Sohnes über ein Erlebnis, das ihm große Freude gemacht hat, sagt der Vater anerkennend:

»Wow, Respekt, dass ihr das geschafft habt!« Diese Bestätigung von seinem Vater zu hören, freut den Sohn vermutlich zunächst einmal. Im Weiteren bestärkt es ihn in seinem Selbstvertrauen und in seiner Selbstwirksamkeit. Die an die Würdigung angehängte offene Frage »Was ist es, das dir dabei wichtig ist und Freude macht?« ermöglicht es dem Sohn, weiterzudenken und für ihn wichtige Werte auszusprechen: Natur, Kreieren und Gemeinsamkeit. Günstig für den Vorgang des Würdigens ist, die Worte kurz, prägnant und authentisch zu formulieren. Eine Würdigung, die nicht »gefühlt« wird, kommt nicht oder »schräg« an. Die gewählten Worte sollten zur Person des Sprechenden passen. Deshalb gibt es auch keine Standardformulierungen.

Der Vater macht eine zweite würdigende Bemerkung: »Toll, dass du so etwas machst und dass du jemanden hast, die das mit dir teilen kann.« Für ihn passt das Wort »toll« offenbar. Vielleicht empfindet er Stolz für seinen Sohn und das Glück, dass dieser eine Partnerin gefunden hat, die passt? Der Sohn hingegen fühlt sich möglicherweise mit seinem Erlebnis »gehört« und denkt vielleicht: »Ich kann etwas Einzigartiges kreieren. Welch ein Glück, dass ich eine Partnerin habe, mit der ich das teilen kann.« Auch die zweite würdigende Bemerkung ist kurz. So wird der bedeutsame Moment in diesem Gespräch nicht »zugetextet«, sondern kann weiterschwingen, auch wenn geschwiegen wird. Im Nachschwingen einer Würdigung geschehen häufig Verknüpfungen zu anderen Themen, Wahrnehmungen oder Erinnerungen. So auch hier: »Freiheit«, ein abstrakter Begriff, der hier aus einer ganz konkreten Situation heraus in diesem Gespräch durch die Würdigung des Gegenübers im Hier und Jetzt mit dem Erlebnis verknüpft wird. Der Vater enthält sich eines weiteren Kommentars, der die Wirkung der Verknüpfung nur einschränken würde.

Fazit Würdigen

Würdigen ist nicht gleichzusetzen mit Loben, sondern bezeichnet den Vorgang, mein Gegenüber so anzuerkennen, wie er ist, ohne Wenn und Aber. Dies geschieht auf Augenhöhe. Wir helfen unserem Gesprächspartner damit, sich selbst so anzunehmen, wie er sich fühlt und ist.

Hilfreich ist das Konzept der »guten Gründe« für das Denken, Fühlen und Handeln, die ich dem anderen unterstelle. Würdigen schafft Verbindung und Vertrauen. Würdigen muss in unserer defizit- und ergebnisorientierten Welt geübt und kultiviert werden.

Praxis Würdigen

Variante 1: Such dir eine Person (A) und nimm dir (B) 10 Minuten Zeit. Denk an heute oder gestern und frage dich: Welche Bemerkung oder welches Verhalten von meinem Gesprächspartner hat mir gefallen, fand ich gut, angenehm oder positiv? Mach eine anerkennende Bemerkung darüber! Versuch diese Bemerkung als Ich-Botschaft zu formulieren. Zum Beispiel: »Mir hat gefallen, dass ...«, »Mich hat gefreut, ...«, »Mich hat ... berührt.«, »Ich habe ... bewundert.«, »Mich hat beeindruckt, dass ...«.

Tauscht euch jeweils kurz darüber aus, wie das für dich war als demjenigen, der die Würdigung erhält (A), oder als derjenigen, die die würdigende Bemerkung macht (B).

Variante 2: Von Vorteil ist, wenn du diese Übung zu dritt machst. Der Dritte im Bunde (C) bekommt die Aufgabe, nur zuzuhören und nach dem Gespräch jeweils eine würdigende Rückmeldung an A und B zu geben. A erhält eine Rückmeldung über das, was er erzählt hat, B darüber, wie sie die anerkennende Bemerkung formuliert hat.

Wenn alle drei Lust dazu haben, wechselt die Rollen von A, B und C jeweils nach 5 Minuten.

Variante 3: Such dir eine Person (A) und nimm dir (B) 10 Minuten Zeit. Überlege dir zu deiner Gesprächspartnerin nacheinander erstens eine positive Eigenschaft, zweitens eine Tätigkeit, die sie gut beherrscht ,und drittens etwas, das du gerne mit ihr machst. Mach jeweils eine anerkennende Bemerkung zu allen drei Punkten. Tauscht euch jeweils kurz darüber aus, wie das für dich war als derjenigen, die die Würdigung erhält (A), und als demjenigen, der die würdigende Bemerkung macht (B).

Variante 4: Spielt das Spiel *Wer gut fragt, gewinnt. Ein Spiel für bessere Gespräche durch gute Fragen und aktives Zuhören.* Statt zu würfeln, spielt ihr einen Durchlauf zum Begriff »Würdigen«. Dafür müsst ihr mindestens zu zweit sein. In der Zweier-Variante kann eine Person drei anerkennende und würdigende Aussagen machen. Die Person, an die diese gerichtet waren, wählt die Aussage aus, durch welche sie sich am meisten gewürdigt fühlt, und äußert sich dazu. So könnt ihr auch zu zweit den Vorgang des »Würdigens« ganz konkret üben.

6 ZIELOFFENHEIT

Was ist Zieloffenheit?

Gespräche sollen zielorientiert geführt werden und Ergebnisse produzieren! – Ja, in bestimmten Kontexten ist diese Aussage richtig. Wenn ich allerdings meine Fähigkeiten, gute und befriedigende Gespräche zu führen, fördern möchten, ist eine andere innere Ausrichtung hilfreicher: Zieloffenheit! Sie beschreibt, dass ich im Gespräch offen bin für den Weg und die Ziele meines Gegenübers. Mit dieser inneren Haltung vermag ich sehr zum Gelingen von guten

Gesprächen beizutragen. Sie ist etwas unkonventionell, weil normalerweise in Gesprächen Ziele verfolgt werden: Ich möchte etwas erreichen, meinem Gegenüber etwas klarmachen. Ich möchte, dass er etwas versteht, etwas ändert oder etwas für mich macht. Das sind alles legitime und verständliche Ziele. Wenn wir jedoch den Fokus darauf legen, zuzuhören und ein gutes Gespräch auch für mein Gegenüber führen zu wollen, ist es besser, sich von Zielen zu befreien. Ich weiß also im Vorhinein nicht, wo wir landen werden, ob es ein Ergebnis geben oder welches dies sein wird. Das ist in einer ziel- und ergebnisorientierten Welt nicht ganz einfach. Spätestens ab dem Schuleintritt werden wir – natürlich mit Ausnahmen – darauf getrimmt, uns an Problemen, Zielen oder Lösungen zu orientieren. Auch lösungsorientierte Gespräche, die gegenüber problemorientierten Gesprächen bereits deutliche Vorteile aufweisen, fokussieren Ziele, eben Lösungen.

Ich möchte in diesem Buch ermutigen, auch zieloffene Gespräche als eine Variante zu üben und zu kultivieren. Dies soll nicht heißen, dass nicht manchmal problem- oder lösungsorientierte Gespräche angezeigt und passend sein können. Das zieloffene Vorgehen erweitert aber unsere Möglichkeiten im zwischenmenschlichen Dialog. Es ist jedoch etwas ungewohnt. Wenn wir uns die innere Haltung von Zieloffenheit bewusst machen, sie beherzigen und kultivieren, können wir zieloffene Gespräche auch ganz konkret üben (siehe Beispiel und Praxisübungen). Verblüffend ist die Erfahrung, dass zieloffene Gespräche durchaus Ergebnisse und Lösungen produzieren und große Wirkung entfalten können.

Zieloffenheit bedeutet übrigens nicht Ziellosigkeit, denn Ziele von guten Gesprächen sind zum Beispiel, dass sie für beide Seiten befriedigend verlaufen und dass sich mein Gegenüber gehört und verstanden fühlt. Sie stärken Bindung, Beziehung und Vertrauen. Auch die Selbstakzeptanz wird gefördert sowie die Fähigkeit, mir selbst so zustimmen, wie ich bin, mit allen Ecken und Kanten. Zieloffenheit als innere Haltung ist besonders geeignet, um Kreativität und Potenziale zu entdecken und zu stärken, sei dies in einem Gespräch zu zweit oder in Gruppen. Sie macht es uns leichter, die Perspektiven zu wechseln und aus unseren vorgefassten Gedankenmustern herauszufinden.

Die Haltung fußt auf einem Menschenbild, das vom Lebensprinzip der Selbstorganisation ausgeht: Jeder Mensch verfügt über ein tiefgehendes inneres Wissen, welches sein Leben selbstorganisiert gestalten kann. Dieses Wissen ist uns jedoch nicht immer zugänglich, wir sind in der Tiefe gewissermaßen unergründlich. Wenn wir zieloffen befragt werden, können wir Zugang bekommen zu diesem Wissen, wir vermögen unsere Quellen anzuzapfen.

Da jeder Mensch einzigartig ist, wissen wir im Vorhinein nicht, wie dieser Zugang funktioniert, wie dieser Weg verlaufen wird. Habe ich ein klares Ziel vor Augen, kann ich einen Weg hin zu diesem Ziel suchen. Das wäre die zielorientierte Vorgehensweise – ein sinnvolles Vorgehen, wenn ich mein Gegenüber zu etwas ganz Bestimmtem bewegen will oder wenn ich ihn von etwas überzeugen möchte. Gehe ich zieloffen vor, ermögliche ich meinem Gegenüber, seinen eigenen Weg und sein eigenes Ziel zu finden. Der Weg ergibt sich dann im Prozess des Fortschreitens. Dabei kann unser Gesprächspartner Neues entdecken, er kann mit dem Gegebenen kreativ werden.

Die beschriebene Haltung der Zieloffenheit erfordert Vertrauen in die Selbstorganisation und in das Wissen und die Stimmigkeit der inneren Welt des anderen. So werden Gespräche »auf Augenhöhe« gestärkt.

Alltagsbeispiel Zieloffenheit

Michael und Justin sind beide 21 Jahre alt und gehen zusammen spazieren.

MICHAEL Willst du etwas erzählen?

JUSTIN Neulich war ich lange alleine unterwegs.

MICHAEL Wie war das?

JUSTIN Das war erst komisch; mit der Zeit konnte ich so in mich gehen und fand das sehr gut.

MICHAEL Wie war das?

JUSTIN So wie wenn man die Seele baumeln lässt.

MICHAEL Wie lässt man denn die Seele baumeln?

JUSTIN Ich fühlte mich plötzlich ganz wohl in diesem Moment. Ich war ganz in diesem Augenblick, im Jetzt.

MICHAEL Kennst du das noch woanders her?

JUSTIN Ja, wenn ich meditiere. Ich glaube, ich mache das anders als du.

MICHAEL Wie machst du das denn?

JUSTIN Ich mache Atemübungen. Das geht so ... *(zeigt es)*

MICHAEL Was erlebst du dann?

JUSTIN Das kann ich gar nicht so genau sagen. *(Pause)* Ich bin dann glücklich.

MICHAEL Das finde ich beeindruckend.

JUSTIN Ja, ich glaube, ich gehe einen spirituellen Weg. *(Eine Weile erzählt er von diesem Weg.)*

MICHAEL Willst du noch etwas sagen?

JUSTIN Nein, das war jetzt schon viel.

MICHAEL Wie war das?

JUSTIN Sehr interessant, auf was ich alles gekommen bin, wirklich gut!

Kommentar

Dieses Beispiel zeigt, dass junge Menschen gut zieloffene Gespräche führen können. Michael scheint ein Talent dafür zu haben. Und es zeigt, zu welchem Erleben und welchen Erkenntnissen einfache, kurze und zieloffene Fragen bei Justin führen können. Schon die Einstiegsfrage ist zieloffen, das heißt, Justin kann entscheiden, ob er etwas erzählen möchte, und das Thema frei bestimmen. Die einfache Frage »Wie war das?«, die Michael in diesem Gespräch gleich mehrmals stellt, signalisiert Interesse und Zuwendung, ohne eine Richtung zu bestimmen. Die Richtung wird im ganzen Gespräch von Justin bestimmt. Er ist der Navigator, nicht Michael, der die Fragen stellt. Interessant ist, dass sich Justins Fahrtrichtung laufend entwickelt und auch für ihn selbst nicht vorhersehbar ist. Er wusste anfangs nicht, dass er im Gespräch bei einem für ihn sehr wichtigen Thema, seinem »spirituellen Weg« landen wird. Genau das ist mit Zieloffenheit gemeint: Derjenige, der die Fragen stellt, ist offen für den Weg und das Ziel des Gesprächspartners. Dazu, dass sich Justin traut, sein existenzielles Thema anzusprechen, hat vermutlich auch die anerkennende Bemerkung von Michael beigetragen: »Das finde ich beeindruckend.« Eine schlichte, würdigende Aussage zu der Atemübung. Diese wird bei Justin eine Resonanz ausgelöst haben, die ihn bewegt, von seinem Weg zu erzählen.

Auch das Ende dieses Gespräches ist zieloffen. »Willst du noch etwas sagen?«, fragt Michael. Je nachdem, ob Michaels innere Haltung wirklich offen bezüglich Beendigung oder Weiterführung des Gespräches ist, wird Justin das an seinem Tonfall bemerken und wirklich die Wahlfreiheit haben. Auch der Abschluss eines Gespräches kann also zieloffen gestaltet werden. Ein Gespräch, das ich selbst als derjenige, der erzählt, beende, hinterlässt eine tiefere und länger anhaltende Wirkung. Zieloffenheit, gepaart mit Würdigung wie in diesem Beispiel, ist eine Kombination, die schöne und erkenntnisreiche Gespräche ermöglicht, die eine wohlwollende Sicht auf innere Vorgänge erlaubt. Beide Gesprächspartner können dabei Neues entdecken. Justin hat in diesem einfachen Gespräch mit seinem Freund Zugang zu seinem tiefgehenden inneren Wissen bekommen, wie die Schlussbemerkung von Justin vermuten lässt.

Fazit Zieloffenheit

Für eine befriedigende Kommunikation ist es sehr hilfreich, sich auf eine zieloffene Haltung einzustellen und zieloffene Fragen zu formulieren. Zieloffenheit ist in unserer heutigen ziel- und ergebnisorientierten Welt ungewohnt und keinesfalls selbstverständlich. Eine zieloffene Haltung kann geübt und kultiviert werden. Unser Gesprächspartner kommt dadurch zu Wort und beide Gesprächspartner haben die Gelegenheit, etwas Neues über sich selbst und den anderen zu erfahren. Bindung, Beziehung und Zustimmungsfähigkeit werden gestärkt.

Praxis Zieloffenheit

Variante 1: Such dir eine Person (A) und nimm dir (B) 20 Minuten Zeit. Bitte A, dir einen kurzen Text vorzulesen. Der Inhalt des Textes spielt keine Rolle. Es kann ein kurzer Absatz aus einer Zeitschrift, einem Buch, einer Werbebroschüre oder irgendetwas anderes sein. Beim Zuhören achtest du weniger auf den Inhalt als vielmehr auf den Klang der Wörter. Stelle eine offene Frage zu einem Wort, das dir beim Zuhören hängen geblieben ist. Du kannst zum Beispiel fragen: »Wie sieht ... aus?« oder »Was kommt dir zu ... in den Sinn?«, »Was fällt dir zu ... ein?«. Wenn dein Gegenüber aufhört zu sprechen, stell eine offene Frage. Offene Fragen sind zum Beispiel: »Was fällt dir noch dazu ein?«, »Kannst du mir mehr darüber erzählen?«, »Worüber möchtest du jetzt sprechen?«. Du gehst mit den Inhalten und dem Verlauf einfach zieloffen mit, auch wenn für dich beim Zuhören Sprünge oder überraschende Themenwechsel auftauchen.

Wenn dein Gesprächspartner Lust hat, wechselt nach 5 bis 10 Minuten die Rollen. Tauscht euch jeweils kurz darüber aus, wie das Gespräch für dich als Befragten und als Fragenden gewesen ist.

Variante 2: Von Vorteil ist es, wenn ihr diese Übung zu dritt macht. Der Dritte im Bunde (C) bekommt die Aufgabe, nur zuzuhören und nach dem Gespräch zurückzumelden, an welchen Stellen ihm Zieloffenheit aufgefallen ist und welche Fragen er gestellt hätte. Wenn alle drei Lust dazu haben, wechselt die Rollen von A, B und C jeweils nach 5 Minuten.

Variante 3: Spielt das Spiel *Wer gut fragt, gewinnt. Ein Spiel für bessere Gespräche durch gute Fragen und aktives Zuhören*. Statt zu würfeln, spielt ihr einen Durchlauf zum Begriff »Zieloffenheit«. Dafür müsst ihr mindestens zu zweit sein. In der Zweier-Variante kann die fragende Person dreimal hintereinander eine offene Frage stellen. Die Person, an die die Fragen gerichtet sind, wählt die Frage aus, die sie am meisten anspricht und beantwortet diese. So könnt ihr auch zu zweit erkunden, wie es ist, wenn man einerseits offene Fragen gestellt bekommt und es andererseits offen bleibt, wohin sich ein Gespräch entwickelt.

7 DIREKTHEIT

Wofür ist Direktheit gut?

Wenn ich direkt kommuniziere, weiß mein Gesprächspartner, woran er ist. Er muss weniger nachdenken, was hinter meinen Aussagen oder meinem Verhalten stecken könnte. Der Vorgang, das herauszufinden, kann sehr viel Zeit und Energie kosten. Wenn ich hingegen ehrlich und offen anspreche, was mich beschäftigt, kann ich in einem nächsten Schritt mit meinem Gegenüber in einen Dialog über dieses Thema treten.

Solange Positives direkt kommuniziert wird, finden dies die meisten Menschen gut. Wenn mir aber jemand etwas sagt, das mir nicht gefällt, wird es schon schwieriger. Ich fühle mich dann rasch verletzt oder ich verletze andere unbeabsichtigt, wenn ich meine Gedanken und Gefühle direkt ausspreche. Und dennoch braucht es für eine gute Kommunikation im Alltag zumindest in unserem kulturellen Kontext aus meiner Sicht eine Portion Direktheit, die jeweils mit offenem Nachfragen gepaart sein sollte.

Was ist direkte Kommunikation?

Unter direkter Kommunikation wird allgemein ein Kommunikationsstil verstanden, bei dem die Menschen präzise, direkt und deutlich ausdrücken, was sie denken oder fühlen. Das Hauptziel direkter Kommunikation wird darin gesehen, ohne Umschweife klare Informationen geben und empfangen zu können. Wenn also die Informationsvermittlung im Vordergrund steht, ist dies ein geeigneter Kommunikationsstil.

Besonders zu beachten ist allerdings der kulturelle Kontext. So gibt es Kulturregionen wie zum Beispiel den asiatischen oder den arabischen Raum, in denen direkte Kommunikation bei gewissen Themen unüblich ist. Hier kann eine ehrlich gemeinte direkte Aussage rasch zur Taktlosigkeit oder gar Ehrverletzung werden.

Wir brauchen aber gar nicht bis nach Asien, in die arabischen Länder oder in andere fremde Kulturregionen zu schweifen, um kulturelle Unterschiede in Kommunikationsstilen zu finden. So wird zum Beispiel den Deutschen im Vergleich zu den Schweizern ein eher direkter Kommunikationsstil nachgesagt, während die Schweizer eher indirekt, höflich und zurückhaltend kommunizieren. Natürlich ist das eine verallgemeinernde Aussage, die nicht auf jeden einzelnen Menschen und jede Situation zutrifft, aber Tendenzen in diese Richtung sind aus meiner Sicht durchaus zu beobachten. Jedenfalls können diese unterschiedlichen Kommunikationsstile zu erheblichen Konflikten in persönlichen oder professionellen Beziehungen führen, weil von indirekt Kommunizierenden direkte Äußerungen als unpassend, überheblich oder verletzend empfunden werden. Umgekehrt ärgern sich direkt Kommunizierende manchmal, dass um den »heißen Brei« geredet wird und Äußerungen unklar oder unverständlich bleiben. Aber auch in Beziehungen ohne große kulturelle Unterschiede kann Direktheit manchmal angebracht und dennoch verletzend sein. Deshalb ist es hilfreich, sich selbst bewusst zu werden, welches Maß an Direktheit ich mir von meinem Gegenüber wünsche und wie viel Direktheit meinerseits ich für mich als förderlich erachte. Genauso ist es günstig, herauszufinden, welches Maß an Direktheit für meine Gesprächspartnerin passend und förderlich ist. Es kann jedenfalls nicht schaden, direkte Kommunikation zu üben und damit als Variante zur Verfügung zu haben.

Direktheit in Konfliktsituationen

Nicht nur wenn Informationsvermittlung im Vordergrund steht, sondern auch in Konfliktsituationen scheinen mir direkte Rückmeldungen zu meinen Absichten und ganz allgemein zu meinem Erleben und dem meiner Gesprächspartnerin besonders wichtig. Hier geht es nicht primär um Informationen, sondern um einen emotionalen Austausch und Klärung. In Konflikten spüren beide Gesprächspartner in der Regel eine Anspannung oder Missstimmung. Häufig weiß mindestens einer von beiden nicht, was los ist oder was zu Ärger oder Verletzungen mit emotionalem Rückzug geführt hat. In solchen Situationen ist es sehr hilfreich, Störungen, Ärger, Verletzungen oder einfach nur Unsicherheit erst einmal direkt anzusprechen. Natürlich sollten der Rahmen und die Situation passen und etwas Zeit zur Verfügung stehen. Auch ist die Rolle meines Gegenübers von Bedeutung. Meinem Chef gegenüber werde ich nicht ohne Weiteres jeden Ärger oder jede Verletzung direkt ansprechen. Auch meinem dreijährigen Kind gegenüber werde ich das nicht tun. In der Partnerschaft, unter Eltern und Freunden wäre es hingegen grundsätzlich angebracht. Auch in professionellen Beziehungen ist direkte Kommunikation wichtig und hilfreich. Ein anschauliches Beispiel zu einem Gespräch nach einer sexuell übergriffigen Bemerkung im Arbeitskontext, in dem direkte Kommunikation geradezu notwendig ist, findet sich im Kapitel »Gespräche unter Berufskollegen und -kolleginnen«.

Alltagsbeispiel direkte Kommunikation bei einem Streit

Sibylle, Sabrina und Anika arbeiten als Ärztinnen in einem Krankenhaus und müssen entsprechende Notfalldienste leisten.

Sabrina *(in verärgertem Ton)* Ich habe nur gesagt, Sibylle müsse halt ihren Dienst tauschen, wenn sie sich krank fühlt. Sonst habe ich gar nichts zu gar niemandem gesagt. Klärt ihr doch euren Scheiß allein!

Wie ist es zu diesem Wutausbruch gekommen? Und wie kommt es durch ein Gespräch am nächsten Tag zur Aufklärung mehrerer Missverständnisse?

Im Verlaufe eines Arbeitstages hatte Assistenzärztin Sibylle Glieder- und Kopfschmerzen entwickelt. Somit konnte sie den Nachtdienst nicht wie vorgesehen antreten. Sie sprach ihre Oberärztin Sabrina an, die ihr sagte, sie solle jemand anderen suchen, mit dem sie einen Dienst tauschen könne. Eine Stunde später wird Sabrina von ihrer Kollegin Anika im Treppenhaus angesprochen. Sabrina ist im Stress, da sie dringend zu einer Patientin muss.

ANIKA *(grinsend)* Na, das hast du ja gut eingefädelt, dass ich jetzt Dienst machen muss.

SABRINA *(erstaunt)* Was meinst du damit?

ANIKA Na, die Sache mit dem Nachtdienst!

SABRINA *(zunehmend gereizt und ungeduldig)* Anika, ich versteh wirklich nicht, um was es geht. Kannst du mir bitte klar und deutlich sagen, was du meinst?

ANIKA Naja, du hast doch gesagt, dass ich sicher gern mit Thomas zusammen Nachtdienst mache.

In diesem Moment kommt Sibylle im Treppenhaus vorbei und spricht Anika an. Dies ist der Moment, in dem bei Sabrina »das Fass überläuft«.

SABRINA *(in verärgertem Ton)* Ich habe nur gesagt, Sibylle müsse halt ihren Dienst tauschen, wenn sie sich krank fühlt. Sonst habe ich gar nichts zu gar niemandem gesagt. Klärt ihr doch euren Scheiß allein!

Während Sabrina davonzieht, ist sie mit ihrer Wut beschäftigt. Innerlich »muss« sie die Szene immer wieder durchspielen, bis sie sich etwas beruhigen kann. Sie ist verärgert, dass ihr Anika etwas unterstellen will, als hätte sie da irgendwie intrigiert.

Am nächsten Tag treffen sich Sabrina und Anika in der Cafeteria. Sabrina spricht Anika an.

SABRINA Können wir das von gestern klären?

ANIKA Ich war davon ausgegangen, dass du im Vorfeld gesagt hättest, ich würde sicher gern mit Thomas den Nachtdienst übernehmen. Das fand ich amüsant. Du machst immer so witzige und treffende Bemerkungen. In diesem Fall lagst du übrigens falsch. Aber egal, wie kommst du darauf?

Die offene und entspannte Art von Anika, das Thema aufzunehmen und darüber zu plaudern, überrascht Sabrina.

SABRINA *(in ruhigem Ton)* Ich habe wirklich gar nichts gesagt, außer dass Sibylle jemanden suchen muss, der ihren Dienst übernimmt.

ANIKA Ich habe schon gemerkt, dass du etwas eigenartig reagiert hast. Du hattest ein versteinertes Gesicht. Ich habe mich gefragt, ob du irgendwie im Stress bist.

SABRINA Ja, das war ich auch. Und durch deine Bemerkung bekam ich noch zusätzlich den Eindruck, du würdest mir unterstellen, intrigant zu sein.

ANIKA Das war nicht meine Absicht. Ich finde deine Bemerkungen wirklich oft witzig und interessant.

Im Nachhinein klärt sich Folgendes auf: Sibylle war zu einer Sekretärin namens Sabrina gegangen, um mit ihrer Hilfe einen Ersatz zu finden. Sabina machte Sibylle den Vorschlag, Anika zu fragen, da diese sicher mit Thomas gerne den Nachtdienst übernehmen würde. Diese Aussage hatte dann Sibylle gegenüber Anika zitiert. Und da »Sabina« fast wie »Sabrina« klingt, war dann das Missverständnis perfekt eingetütet.

Kommentar

Die beschriebene Begegnung ist einerseits ein wunderbares Beispiel, wie durch kleine Missverständnisse Streit entstehen kann. Andererseits zeigt sie, wie durch offenes und direktes Ansprechen Klärung stattfinden kann. So können aus destruktiven Dialogen kooperative Arbeitsbeziehungen entstehen. Erforderlich ist dafür die Fähigkeit zur Selbstreflexion.

Schauen wir uns den Ablauf der Dialoge nochmals detailliert an. Das erste Gespräch beginnt mit einer Unterstellung von Anika gegenüber Sabrina. Anika sagt grinsend: »Na, das hast du ja gut eingefädelt, dass ich jetzt Dienst machen muss.« Vermutlich ist Anika fest von »ihrer« Wirklichkeit überzeugt, dass Sabrina hinter dem »Deal« steckt. Vielleicht möchte sie sogar eine humorvolle Bemerkung machen. Ein Witz kann in den »falschen Hals« geraten und als Angriff gedeutet werden. Zu diesem Missverstehen einer humorvollen Aussage trägt bei, wenn eine Beziehung sowieso schon ambivalente Züge trägt oder wenn der Adressat der humorvollen Bemerkung gestresst ist. Mindestens Letzteres ist hier der Fall. Ob Ersteres zutrifft, wissen wir nicht. Einen Notfalldienst zu übernehmen, ist per se nicht unbedingt eine freudvolle

Sache, was eine gewisse Grundspannung in der Kommunikation bereits verursachen könnte. Jedenfalls bekommt Sabrina durch die einleitende Bemerkung von Anika das Gefühl, man unterstelle ihr intrigantes Verhalten. Ihre Äußerungen eskalieren daraufhin bis zu der Aussage: »Klärt ihr doch euren Scheiß allein!» Damit steigt sie aus der Kommunikation aus. Die Wut und das schlechte Gefühl, sich nicht ganz im Griff gehabt zu haben, wird sie vermutlich jedoch nicht sofort losgeworden sein.

Bemerkenswert ist, dass sie am nächsten Tag den Mut fasst, Anika direkt anzusprechen. Diese Direktheit ermöglicht die nachfolgende Klärung. Würde eine solche ausbleiben, wäre gut denkbar, dass der Konflikt weiter schwelt. Weitere kleine Konflikte könnten die Arbeitsbeziehung zunehmend belasten und nicht nur die Befindlichkeit beider Kolleginnen, sondern mit der Zeit auch die Qualität der Arbeit beeinträchtigen. Stattdessen eröffnet Sabrina einen Dialog bei einem zufälligen nächsten Zusammentreffen in der Cafeteria: »Können wir das von gestern klären?« Die offene und direkte Anfrage ermöglicht es Anika, ebenfalls offen zu antworten. Sie gibt preis, wie sie Sabrinas Äußerungen oft erlebt, nämlich »witzig und treffend«. Diese positiven Konnotationen überraschen Sabrina. Sie merkt allmählich, dass Anika sie selbst gar nicht so blöd findet. Sogar ihr »versteinertes« Gesicht scheint sie zu interessieren. Der dahinterliegende Stress kann nun in dem offenen Dialog angesprochen werden. »Ich habe mich gefragt, ob du irgendwie im Stress bist.« Eine selbstreflexive Bemerkung von Anika, die ihre eigene Interpretation des Gesichtsausdruckes von Sabrina offenlegt. Dieser Deutung könnte nun von Sabrina widersprochen werden oder aber, wie im vorliegenden Fall, diese bestätigt werden. »Ja, das war ich auch. Und durch deine Bemerkung bekam ich noch zusätzlich den Eindruck, du würdest mir unterstellen, intrigant zu sein.« Es entsteht ein Hin und Her von Rückmeldungen über Gefühle und damit verknüpfte Reflexionen. Dieser Prozess wird auch Mentalisieren genannt. Zum Schluss des Dialoges kann Anika eine aufrichtige und anerkennende Bemerkung machen. »Das war nicht meine Absicht. Ich finde deine Bemerkungen wirklich oft witzig und interessant.« Besonders erwähnenswert ist, dass das Missverständnis über die Aussage, Anika würde sicher gern mit Thomas den Nachtdienst machen, zu diesem Zeitpunkt noch nicht einmal aufgeklärt ist. Das zeigt nochmals auf einer anderen Ebene auf, wie Wirklichkeiten in unseren Dialogen – seien sie konstruktiv oder destruktiv – durch Sprache regelrecht erschaffen werden.

Direkte Rückmeldungen im Feedbackgespräch

Direktheit ist in jedem Fall nötig, wenn sich jemand ein Feedback zu irgendeinem Thema wünscht. Wenn hierbei ein paar Dinge beachtet werden, kann ein Feedbackgespräch zu einem sehr hilfreichen Element der Alltagskommunikation werden. Ich kann so mithilfe meiner Mitmenschen lernen, mich weiterzuentwickeln.

Angenommen, mich fragt jemand nach einem Feedback dazu, wie ich eine Person in der Gruppe XY erlebe, dann ist es sinnvoll, dieses Gespräch in drei Schritte einzuteilen:

1. Erst formuliere ich meine Wahrnehmungen zum Thema
2. dann biete ich eine Interpretation an und
3. schließlich frage ich offen nach.

Das hört sich simpel an, ist aber gar nicht so einfach. Vor allem der erste Teil bedarf einiger Übung, da wir es gewohnt sind, vorschnell zu interpretieren. Verkürzt dargestellt wäre der Ablauf in diesem Beispiel folgendermaßen:

- *erster Schritt Wahrnehmung:* »Ich nehme dich als sehr ruhig und zurückgezogen in dieser Gruppe wahr. Ich habe beobachtet, dass du von dir kaum etwas erzählst.«
- *zweiter Schritt Interpretation:* »Ich habe mir überlegt, ob du vielleicht Angst hast, von Peter beurteilt zu werden, und deshalb lieber gar nichts sagst.«
- *dritter Schritt Nachfrage:* »Was meinst du dazu?« Danach höre ich zu und frage offen nach Schlüsselworten nach.

Alltagsbeispiel Feedback in einem Mitarbeitergespräch

Gerda ist seit sechs Monaten neu als Lehrperson in einem pädagogischen Team an einer Fachhochschule angestellt. Das Probezeitgespräch fand sechs Wochen nach Anstellungsbeginn statt. Sowohl ihr Teamleiter als auch sie selbst sind grundsätzlich sehr zufrieden mit der Zusammenarbeit. Es gibt jedoch ein Thema, das Gerda stört. Ihr Teamleiter Fabio reagiert häufig nicht oder sehr verzögert auf Anfragen. Das beeinträchtigt sie, konstruktiv zu arbeiten und ihre Aufgaben zu erledigen. Fabio hat sie nun zu einem Mitarbeitergespräch eingeladen und angekündigt, er würde gerne ein Feedback von ihr zu ihrer bisherigen Zusammenarbeit bekommen. Fabio hat Gerda seinerseits bereits eine allgemeine Rückmeldung über seine Wahrnehmung der Mitarbeit von Gerda im Projekt gegeben und zwei fachliche Details ihrer Beiträge benannt, die er besonders geschätzt hat. Nun fragt er Gerda:

FABIO Wie hast du unsere Zusammenarbeit bisher erlebt?

GERDA Ich schätze unsere Zusammenarbeit sehr und möchte mich zu einem Anliegen zum Arbeitsrhythmus austauschen.

FABIO Gerne, was ist dein Anliegen?

GERDA Zunächst möchte ich dir eine Rückmeldung geben. Es ist für mich ein Privileg, in diesem Projekt mitzuarbeiten. Indem du mir Aufgaben überlässt, erlebe ich Vertrauen und dass ich auf gleicher Augenhöhe einbezogen werde. Ich kann dabei sehr viel dazulernen. Zum Arbeitsrhythmus: Ich habe dir in den letzten drei Wochen fünfmal bezüglich einer für mich zu klärenden Frage eine E-Mail geschrieben. Von dir kam in zwei Fällen keine Antwort, in drei Fällen bekam ich eine Antwort nach etwa zehn Tagen. Ich kann mir vorstellen, dass du derzeit sehr viel Arbeit hast. Ich frage mich dann, ob du die Nachricht überhaupt bekommen hast und ob ich dir allenfalls behilflich sein könnte. Ich wäre froh um ein kurzes Zeichen von dir, damit ich mich orientieren kann. Wie siehst du das?

FABIO Erst einmal danke ich dir für dein Wertschätzen der Zusammenarbeit! Das mit dem Antworten kann ich nachvollziehen. In der aktuell dicht befrachteten Arbeitsphase lese ich zwar deine E-Mails, verschiebe aber das Antworten. Offenbar vergesse ich es manchmal sogar. Ich bin übrigens froh, dass du ohne weitere Rückfragen selbstständig entscheidest und nur frägst, wenn ich mitentscheiden soll. Ich traue dir zu, dies einzuschätzen. Ich nehme mir vor, dir jeweils eine Empfangsbestätigung zu senden. Passt das für dich?

GERDA Ja, vielen Dank.

Kommentar

Das oben beschriebene dreistufige Vorgehen aus Wahrnehmen, Interpretieren und offen Nachfragen ist in diesem Beispiel gut umgesetzt. Bemerkenswert ist hier, dass die wertschätzenden und sorgfältigen Formulierungen es ermöglichen, ein Feedback über hierarchische Stufen hinweg zu geben. Gerda gibt ihrem Vorgesetzten auf Nachfrage ein kritisch-konstruktives Feedback. Auch Fabio gibt Gerda ein konstruktives Feedback. So ist ein Austausch auf Augenhöhe über die beruflich definierten Rollen des »Vorgesetzten« und der »Unterstellten« hinweg möglich.

Dass das hier funktioniert, hat mit mehreren Faktoren zu tun. Schauen wir uns den Ablauf genauer an. Zunächst ist die Ausgangslage günstig. Gerda hat bereits eine gesicherte Anstellung. Es wäre risikobehaftet, eine solche Rückmeldung im Probezeitgespräch zu geben. Allgemeiner formuliert braucht es eine Grundsicherheit in einer Beziehung, um kritisch-konstruktive Feedbacks zu geben. Etwas Weiteres trägt zum günstigen Verlauf bei: Gerda war explizit eingeladen, ein Feedback zur Zusammenarbeit zu geben.

Dieser Hinweis wurde Gerda von Fabio bereits im Vorfeld gegeben. So konnte sie sich vorbereiten und darauf einstellen. Es ist ratsam, bevor ich ein Feedback gebe, mir dafür zuvor einen expliziten Auftrag einzuholen. Dies betrifft auch private Beziehungen. So kann ich zum Beispiel fragen: »Interessiert dich ein Feedback von mir zu diesem Thema?« In professionellen Beziehungen ist ein Auftrag für ein Feedback unerlässlich. Im Verlauf des Mitarbeiterinnengespräches leitet Fabio den Abschnitt über die Zusammenarbeit mit einer offenen Frage ein: »Wie hast du unsere Zusammenarbeit bisher erlebt?« Diese Frage lädt ein und lässt gleichzeitig offen, worüber Gerda sprechen möchte. Gerda beginnt geschickt mit einer ersten positiven Aussage zum Thema: »Ich schätze unsere Zusammenarbeit sehr ...«, dann kommt sie gleich auf den kritischen Punkt: »... und ich möchte mich zu einem Anliegen zum Arbeitsrhythmus austauschen.« Darauf gleich am Anfang hinzuweisen ist hilfreich, weil sich der Gesprächspartner darauf einstellen kann und weiß, dass da noch etwas kommt. Ebenfalls günstig ist es, den kritischen Punkt als Anliegen für einen Austausch zu formulieren, da es so kein Angriff ist, sondern eben ein Austausch auf Augenhöhe. Auch nachdem Fabio dieses Anliegen sofort aufgegriffen hat, besteht Gerda zunächst auf einem differenzierten, persönlichen und positiven Feedback zu ihrer Mitarbeit. »Es ist für mich ein Privileg, in diesem Projekt mitzuarbeiten. Indem du mir Aufgaben überlässt, erlebe ich Vertrauen und dass ich auf gleicher Augenhöhe einbezogen werde. Ich kann dabei sehr viel dazulernen.« Welcher Vorgesetzte hört das nicht gern?

Natürlich muss das auch stimmen und authentisch sein. Und damit bereitet Gerda ihr kritisches Anliegen weiter vor. Nun schildert sie ihre Wahrnehmung der für sie unbefriedigenden E-Mail-Kommunikation. Sie *redet nicht drum herum, sondern spricht den Sachverhalt konkret und präzise an: »... in den letzten drei Wochen fünfmal ...« Es folgt ihre zugegebenermaßen positive Interpretation: »Ich kann mir vorstellen, dass du derzeit sehr viel Arbeit hast. Ich frage mich dann, ob du die Nachricht überhaupt bekommen hast und ob ich dir allenfalls behilflich sein könnte.« Dann formuliert sie ihren Wunsch, verbunden mit ihrem Bedürfnis nach Orientierung, und eine abschließende offene Frage: »Ich wäre froh um ein kurzes Zeichen von dir, damit ich mich orientieren kann. Wie siehst du das?« Wenn du dich nun in die Rolle von Fabio hineinversetzt, könntest du Gerdas Wunsch ablehnen? Es wäre sicher nicht einfach.*

Ich möchte darauf hinweisen, dass es hier nicht um Rhetorik oder Manipulation geht. Nein, es handelt sich um echte Kooperation. Sicherlich wäre ein solcher Dialog auch mit einem ironischen bis sarkastischen Unterton denkbar. In einem solchen Fall könnten wir nicht von Kooperation sprechen, was nochmals die Bedeutung der inneren Haltung hervorhebt, die sich über den Klang der gesprochenen Sprache vermittelt. Ob Fabio seine gute Absicht, in Zukunft Empfangsbestätigungen zu senden, umsetzen konnte, entzieht sich meiner Kenntnis, die Voraussetzungen für eine Verhaltensänderung sind aber günstig.

Praxis Direktheit

Variante 1 (direkte Fragen): Such dir eine Person (A), mit der du (B) dir vorstellen kannst, direkte Fragen zu üben. Nehmt euch 30 Minuten Zeit. B stellt A eine direkte Frage. Zum Beispiel: »Was ich dich schon immer einmal fragen wollte: ...« oder »Du hast letztens so und so reagiert. Was hat dich dazu bewogen?« oder »Mich interessiert, wie du dieses oder jenes Thema siehst. Kannst du mir dazu etwas erzählen?«. Nach 10 Minuten wechselt ihr die Rollen. Nun stellt A die direkten Fragen an B. Zum Schluss tauscht ihr euch darüber aus, wie es für euch war, solche Fragen zu stellen und solche Fragen gestellt zu bekommen und zu antworten.

Variante 2 (Feedback zu zweit): Such dir eine Person (A), mit der du (B) dir vorstellen kannst, konstruktives Feedback zu üben. Nehmt euch 30 Minuten Zeit. Bitte A, sich zu überlegen, über welches Thema oder welche Situation er gerne von dir ein Feedback bekommen möchte. Du gehst konsequent nach dem oben beschriebenen Schema vor: Erst formulierst du eine Wahrnehmung zum angefragten Thema oder der angefragten Situation als Ich-Botschaft (»Ich habe beobachtet, dass ...«), dann eine Interpretation (»Ich habe mir überlegt, dass ...«) und zum Schluss frägst du offen nach (»Was meinst du dazu?«). Vor allem das Formulieren der Wahrnehmung, ohne zu interpretieren, bedarf einiger Übung. Ihr könnt verschiedene Formulierungen ausprobieren und jeweils beim Gesprächspartner nach deren Wirkung fragen. Nach 10 Minuten wechselt ihr die Rollen. Zum Schluss tauscht ihr euch darüber aus, wie es für euch war, das Feedback zu bekommen und zu geben.

Variante 3 (Feedback zu dritt): Von Vorteil ist es, wenn ihr diese Übung zu dritt macht. Der Dritte im Bunde (C) bekommt die Aufgabe, nur zuzuhören und nach dem Feedbackgespräch zurückzumelden, wie es gelungen ist, das dreistufige Schema einzuhalten. Wenn alle drei Lust dazu haben, wechselt die Rollen von A, B und C.

Variante 4 (direkte Kommunikation in Konfliktsituationen): Such dir eine Person (A), mit der du (B) dir vorstellen kannst, über Konflikte zu reflektieren. Nehmt euch etwa 30 Minuten Zeit. Frag die Person, ob sie bereit ist, mit dir direkte Kommunikation in Konfliktsituationen zu üben. Wenn sie zustimmt, erinnere dich selbst an einen kleinen Streit, eine Meinungsverschiedenheit oder eine Auseinandersetzung mit dieser Person aus der Vergangenheit. Nun erzählst du die Situation, beginnend mit einer Einleitung wie »Ich erinnere mich wie folgt: ...« oder »Ich habe die Situation wie folgt wahrgenommen: ...«. Dann sprichst du deine Gefühle direkt an, zum Beispiel: »Als du das und das gesagt/getan hast, habe ich mich kritisiert/angegriffen/verurteilt/entwertet ... gefühlt.« Oder: »Das hat mich wütend/traurig/ohnmächtig ... gemacht.« Dann stellst du A eine offene Frage ähnlich der folgenden: »Erzählst du mir, wie du die Situation erlebt hast?« oder »Wie war das für dich?«. Nun erzählt A, bis sie fertig ist. Dann kommt ihr in einen Austausch.

Wenn A Lust hat, wechselt ihr die Rollen und A erinnert sich nun an einen kleinen Streit, eine Meinungsverschiedenheit oder eine Auseinandersetzung mit dir (B). Dann führt ihr das Gespräch in umgekehrten Rollen.

TEIL II: KONTEXTE

KINDHEIT

Es wäre gut viel nachzudenken, um
Von so Verlornem etwas auszusagen,
von jenen langen Kindheit-Nachmittagen,
die so nie wiederkamen – und warum?
Noch mahnt es uns –: vielleicht in einem Regnen,
aber wir wissen nicht mehr was das soll;
nie wieder war das Leben von Begegnen,
von Wiedersehn und Weitergehn so voll
wie damals, da uns nichts geschah als nur
was einem Ding geschieht und einem Tiere:
da lebten wir, wie Menschliches, das Ihre
und wurden bis zum Rande voll Figur.
Und wurden so vereinsamt wie ein Hirt
und so mit großen Fernen überladen
und wie von weit berufen und berührt
und langsam wie ein langer neuer Faden
in jene Bilder-Folgen eingeführt,
in welchen nun zu dauern uns verwirrt.

Rainer Maria Rilke[5]

5 Rilke, R. M. (1908): Neue Gedichte. Der neuen Gedichte anderer Teil (Bd. 2). Leipzig (Insel).

8 GESPRÄCHE IN DER FAMILIE

Was ist besonders an Gesprächen in der Familie?

Die Voraussetzungen dafür, innerhalb der Familie gute Gespräche zu führen, sind aus verschiedenen Gründen besondere. Familienmitglieder kennen sich bereits über eine sehr lange Zeitspanne hinweg. Dies führt dazu, dass jeder meint, den anderen zu kennen. Das stimmt ja auch in gewisser Hinsicht, birgt aber für die Kommunikation die Schwierigkeit, dass die Offenheit eingeschränkt ist und sich gewohnte, manchmal festgefahrene Muster ausgeprägt haben. Außerdem sind in Familien die Rollen sehr unterschiedlich verteilt. So gibt es in der Regel ein Machtgefälle zwischen Eltern und Kindern und verteilte Rollen unter den Geschwistern, um nur zwei Beispiele zu nennen. Auch sind die Entwicklungsaufgaben der einzelnen Familienmitglieder sehr unterschiedlich. Es gilt einerseits, zusammenzuhalten und sich gegenseitig zu unterstützen, andererseits gibt es für jeden Einzelnen die Aufgabe, den jeweils eigenen Weg zu finden. Abhängigkeit und Ablösung sind also Themen, die die Beziehungen innerhalb von Familien besonders prägen. Des Weiteren ist die Familie eine Gruppe, und bei Gesprächen in Gruppen sollten Kommunikationsregeln besonders achtsam eingehalten werden, weil anders als in einem Zweiergespräch durch mehrere Personen die Bezüge wesentlich komplexer werden.

Eltern und Kinder

Betrachten wir zunächst die Eltern-Kind-Beziehung. Die Rolle der Eltern ist es, die Kinder großzuziehen, für ihre Sicherheit zu sorgen und Verantwortung für das Gedeihen der Kinder zu übernehmen. Viele Eltern wissen, dass Erziehung nur in Beziehung funktioniert. Deshalb sind gute Gespräche zwischen Eltern und Kindern zentral. Sie können bei Kindern zu dem Gefühl führen, verstanden und gehört zu werden. Dieser Aspekt stärkt Selbstvertrauen und das Gefühl, etwas bewirken zu können. Dies sind Fundamente für das spätere Leben. Kindern Grenzen zu setzen, ist notwendig und funktioniert besser in einer grundsätzlich vertrauensvollen Beziehung. Also ist es von Vorteil, mit seinen Kindern einen »guten Draht« und einen vertrauensvollen Austausch zu haben.

Babys und Kleinkinder

Schon mit Babys und kleinen Kindern, die noch nicht sprechen, führen wir Gespräche. Viel von diesen Gesprächen läuft über den Körper, den Klang und den Rhythmus. Babys verstehen Worte noch nicht in ihrer lexikalischer Bedeutung. Von den im ersten Teil des Buches genannten Begriffen stehen hier die Resonanz und das Würdigen im Vordergrund. In Gesprächen mit Babys können wir unsere Fähigkeit zur nonverbalen Kommunikation, also alles, was über Körper und Stimme, aber ohne Worte hin- und hergeht, wunderbar üben. Das Timing, das Wechselspiel, der Rhythmus, die körperliche Zuwendung, die gemeinsam geteilte Freude sind die Mittel, mit denen wir vielfach intuitiv und unbewusst kommunizieren. Genau diese Mittel sind aber auch später, wenn auch die Kinder Worte zum Kommunizieren verwenden, enorm wichtig. Sie treten leider allzu oft in den Hintergrund, da wir die Bedeutung von Worten überbetonen. Babys und kleine Kinder zu würdigen, geschieht meist intuitiv von selbst.

Das gehört zum angeborenen Repertoire von elterlichem Fürsorgeverhalten. Gemeint sind hier körperliche Zuwendung, intensiver Blickkontakt und die sogenannte »Ammensprache« *(Baby Talk)* der Bezugspersonen, die unser kleines Gegenüber bedingungslos annimmt und würdigt in dem, was es gerade tut.

> **Alltagsbeispiel Mutter – Baby**
>
> LUCA ist nun 8 Monate alt. Er sei vom ersten Lebenstag an ein lebhaftes, schreckhaftes und oft unzufriedenes Kind gewesen. Luca hat gerade angefangen zu kriechen und erkundet jetzt den Wohnzimmerboden. Er hat sich einige Meter von seiner Mutter Stefanie entfernt, dreht seinen Kopf zurück zu Mama und schaut sie an.
>
> STEFANIE Ah, Luca, jetzt kannst du dich schon ein bisschen fortbewegen und die Welt entdecken.
>
> Luca beginnt zu lächeln und gluckst. Stefanie ist freudig überrascht, da sie Luca sonst als sehr ernst erlebt.

Kommentar

Stefanie hat eine anstrengende Lebenssituation als alleinerziehende Mutter. Beide scheinen wenig Freude zu erleben. Umso bedeutsamer ist es, dass Stefanie hier einen besonderen Moment wahrnimmt und benennt. »Luca, jetzt kannst du dich schon ein bisschen fortbewegen und die Welt entdecken.« Was sie macht, ist eine Würdigung der neuen Errungenschaften von Luca. Auch wenn Luca die Wortbedeutungen noch nicht im Einzelnen erfassen kann, so spürt er doch die Anerkennung seiner Mutter vielleicht in ihrem Blick oder am Klang ihrer Stimme. Das Aussprechen dieser anerkennenden Worte und der kurze Moment der Begegnung führen im ersten Schritt bei Luca zu einem sonst seltenen Augenblick der Freude. Im zweiten Schritt entsteht ein Moment von gemeinsam geteilter Freude. Denn Lucas Lächeln löst auch bei seiner Mutter Freude aus, ein Gefühl, das ihr in dieser Zeit etwas abhandengekommen ist. Über die würdigenden Worte der Mutter entsteht eine Resonanz zwischen Mutter und Sohn, die für beide ein kleiner Glücksmoment ist. Studien haben gezeigt, dass gemeinsam geteilte Momente der Freude wesentlich zu positiver kindlicher Entwicklung beitragen.

Kinder zwischen 3 und 6 Jahren

Gespräche mit Kindern zwischen drei und sechs Jahren, die also bereits sprechen können, sind etwas vom Wunderbarsten, weil sie uns überraschen mit ihrer Wortwahl und mit ihrer Fantasie. Sie verwenden die Worte noch freier und ungewohnter als wir Erwachsenen. Die Bedeutungen der Worte sind noch nicht so festgelegt, sondern offener und vielseitiger. Aus diesem Grund ist die in Kapitel 2 beschriebene Nutzung der Schlüsselworte hier von besonderer Bedeutung. Wir greifen die verwendeten Schlüsselworte auf, stellen eine offene Frage dazu oder warten einfach etwas ab. Oft spricht das Kind von selbst weiter, wenn wir ein von ihm verwendetes Wort nur wiederholen. Denn es fühlt sich bestärkt, wenn es das Wort von uns hört, das es soeben ausgesprochen hat. Günstig für gute Gespräche ist, wenn wir das Kind nicht korrigieren, auch wenn es das Wort in einer anderen Bedeutung verwendet, als wir sie kennen oder als es im Duden steht. Wenn wir stattdessen offen nachfragen, wird das Kind darin bestärkt, seine eigene Welt zu beschreiben. Das fördert Sprachentwicklung. Auch die Nutzung bildhafter Sprache, wie in Kapitel 4 beschrieben, eignet sich hervorragend bei Gesprächen mit kleinen Kindern. Denn sie haben aus sich selbst heraus eine sehr bildhafte Sprache. Das Aufgreifen und Vertiefen dieser Bilder ist ihnen nicht fremd, sondern sogar vertraut, weil sie das unter Altersgenossen selbst praktizieren. Erleichternd kommt hinzu, dass Kinder in diesem Alter generell weniger kontrolliert, sondern spontan, kreativ und zugleich fantasievoll sind. Sie haben Lust am Entdecken und speziell auch Lust am Entdecken von Sprache. Kinder lernen zwischen 3 und 6 Jahren zu lügen, was ein großer Entwicklungsschritt ist. Denn dazu müssen sie die Perspektive wechseln können und sie müssen beherrschen, »so zu tun als ob«. Sie erkennen, dass andere Menschen eigene Gedanken und Gefühle haben, und können sich in diese hineinversetzen. Für gute Kommunikation ist es deshalb günstig, Lügen zumindest in diesem Alter als Errungenschaft anzuerkennen und weniger moralisch als spielerisch damit umzugehen. Wenn du Freude an dieser Errungenschaft hast, wird dein Kind das spüren. Du kannst auch eine anerkennende Bemerkung machen und somit dein Kind würdigen. Dieser Vorgang stärkt wiederum sein Selbstvertrauen und das Gefühl, etwas bewirken zu können.

Einen Unterschied für gute Gespräch mit Kindern in diesem Alter gibt es im Vergleich zu älteren Menschen: Die Warum-Frage ist sehr wichtig. Kinder stellen sie häufig und haben unterschiedlichste Beweggründe dafür. Es geht ihnen oft gar nicht um ursächliche Zusammenhänge oder Begründungen, sondern um das Entdecken und Lernen. Deshalb wird in der Regel eine Warum-Frage bei Kindern in diesem Alter keinen Verteidigungsreflex auslösen, solange sie in wohlwollendem Ton gestellt wird. Während bei älteren Kindern und Erwachsenen diese Frage meistens ungünstig für einen guten Gesprächsverlauf ist, kann sie bei kleinen Kindern durchaus Gespräche anregen und in interessante Richtungen führen.

Natürlich ist es auch wichtig, Kindern Warum-Fragen und überhaupt Fragen zu beantworten, wenn sie diese an uns richten. Aber nochmals: Ungefragte Belehrungen sind ungünstig für gute Gespräche. Vielleicht fällt es uns Erwachsenen mit kleinen Kindern noch etwas leichter, offene Fragen zu stellen, deren manchmal wundersamer Welt einfach »nur« zuzuhören.

Alltagsbeispiel Mutter – Kleinkind

Andrina hat mit ihrer dreieinhalbjährigen Tochter Elena auf dem Spielplatz eine Sandburg gebaut und mit Blumen geschmückt. Jetzt will Elena ihr imaginäres Pferd reiten, welches Sabrina heißt. Andrina macht mit und sie spielen, die Wiese entlangzureiten. Elena hat sehr viel Energie, ist bewegungsfreudig und braucht lange zum Einschlafen.

ELENA Sabrina ist schnell heute.

MUTTER Was machst du eigentlich, wenn Sabrina müde wird?

ELENA Das ist überhaupt kein Problem. Ich habe 1000 Sabrinas und die können alles machen, was ihnen gefällt.

Kommentar

Dieses Beispiel zeigt die Kraft der Fantasie kleiner Kinder und die positive Wirkung, wenn auf ihre bildhafte Sprache eingegangen wird. Die Mutter greift in ihrer Frage das Schlüsselwort »Sabrina«, also ein Bild aus der Fantasiewelt von Elena auf und kombiniert ihre offene Frage mit dem Wort »müde«. Elena findet eine für sie selbst passende Antwort auf die Frage nach dem Umgang mit der Müdigkeit ihres Pferdes. Typisch für ihr Alter sind ihre großen unbegrenzten Ideen: »1000 Sabrinas« und die können »alles machen, was ihnen gefällt«. Sie gibt mit ihren eigenen Worten eine Erklärung, warum sie abends schlecht einschlafen kann. Sie findet den Übergang in den anderen Bewusstseinszustand des Schlafes nicht, weil sie so interessiert ist an den 1.000 Dingen des Lebens und an dem, was sie alles noch machen könnte. Ganz abgesehen davon, ob diese Interpretation zutrifft: das Wichtige ist, dass die Mutter die Eigensprache von Elena aufgreift und sie damit in ihrer Welt abholt. Elena kann in ihrer eigenen Sprache mit den Worten, die ihr zur Verfügung stehen und die für sie passen, weiterdenken und bereits in ihrem jungen Alter ihr Erleben auf eine einfache Art und Weise reflektieren.

Kinder vor der Pubertät

Gespräche mit Kindern zwischen sechs Jahren und der Pubertät sind in der Regel einfach, weil ihre sprachlichen Ausdrucksmöglichkeiten bereits sehr weit entwickelt sind und sie in vertrauter Umgebung normalerweise gerne und viel reden. Der Gebrauch der Sprache von Kindern in diesem Alter kann durch seine Differenziertheit manchmal überraschen. Besonders wichtig ist hier, »auf Augenhöhe« zu sprechen und die Kinder als vollwertige Gesprächspartner ernst zu nehmen. Das wird schwierig, wenn es immer mehr nur noch um »Erziehung« geht. Mitunter können Verbote und Erziehungsmaßnahmen überhandnehmen. Gerade dann ist es wichtig, einmal auszusteigen und sich Zeit für ein Gespräch zu nehmen. Vielleicht kann ich als Vater oder Mutter für eine kurze Zeit meine Rolle als Erzieherin oder Erzieher zur Seite legen und »auf Augenhöhe« zuschauen und zuhören, was mein Kind beschäftigt? Das kann Türen öffnen für neue Wege und die Beziehung wieder stärken.

Kinder im Alter von 10 Jahren können das Verhalten einer anderen Person oder auch deren Persönlichkeit psychologisch differenziert beschreiben. Das Nachdenken über die Welt nimmt eine komplexere und differenziertere Form an. Sie können über abstrakte Themen wie Physik, das Leben nach dem Tod oder den Sinn des Lebens nachdenken und sprechen. Vielleicht vergessen wir das manchmal im Trubel des Alltags und trauen unseren Kindern solche Themen und eine eigenständige Sicht auf sie nicht zu. Gute Gespräche »auf Augenhöhe« können uns Eltern zwischendurch die »Augen öffnen« und uns selbst zum Nachdenken anregen.

Alltagsbeispiel Vater – 8-jähriger Sohn

Der 8-jährige Jonatan füttert gerade hingebungsvoll seinen 10 Monate alten Bruder Jaris. Der Vater freut sich über diese Szene und sagt zu Jonatan:

VATER Mensch, Jonatan, der Jaris ist jetzt fast schon 1 Jahr alt. Wie ist das denn für dich, einen kleinen Bruder zu haben?

JONATAN Ja, manchmal nervt der schon, aber er ist oft sooo lustig, und ich kann mit ihm sooo lustige Spiele machen, auch wenn ich ja 8 Jahre »größer« bin als er.

VATER Wir (die Eltern) sind ganz begeistert, weil du ein so toller großer Bruder bist. Wenn er dich sieht, lacht er immer und freut sich.

JONATAN Äh, ja ..., kannst du ihn jetzt wieder nehmen?

VATER Klar, her mit ihm, danke fürs Füttern.

Kommentar

Durch den großen Altersunterschied kann Jonatan gegenüber seinem kleinen Bruder fürsorgliches Verhalten zeigen. Das ist für ihn nicht selbstverständlich, war er doch über viele Jahre der König im Hause. Bis vor Kurzem drehte sich noch alles um Jonatan, der diese Aufmerksamkeit ausgiebig in Anspruch nahm. Dem Vater fällt die besondere Situation auf. Er macht eine hinführende Bemerkung: »Mensch, Jonatan, der Jaris ist jetzt fast schon ein Jahr alt« und stellt eine offene, kurze und konkrete Frage dazu: »Wie ist das denn für dich, einen kleinen Bruder zu haben?« Allein schon die Frage an Jonatan ist eine aufmerksame Zuwendung. Denn der Vater interessiert sich für das Erleben seines Sohnes. Die Antwort von Jonatan ist insofern bemerkenswert, als er ambivalente, d. h. widersprüchliche Gefühle gleichzeitig anspricht. Jaris »nervt« und ist gleichzeitig »sooo lustig«. Ambivalenz auszuhalten, ist eine wichtige Fähigkeit für soziale Beziehungen, das ganze Leben lang. Widersprüchliche Gefühle in Worte zu fassen, fördert diese Fähigkeit. Und der Vater gibt seinem Sohn durch diese einfache offene Frage die Möglichkeit dazu.

Im nächsten Schritt würdigt der Vater Jonatans Rolle als großer Bruder. Das ist natürlich schön für Jonatan, zumal diese neue Rolle gar nicht so einfach ist. Vom Thron gestürzt zu werden, hat niemand gern. Eine anerkennende väterliche Bemerkung kann dabei helfen, damit klarzukommen. »Wir sind ganz begeistert, weil du ein so toller großer Bruder bist. Wenn er dich sieht, lacht er immer und freut sich.« Nebenbei bemerkt, ist es im Sinne einer funktionierenden Dreiecksbeziehung günstig, dass der Vater hier nicht nur von »Ich«, sondern von »Wir« spricht. Die Grundqualität dieser Kommunikation ist eine, die Allianzen für den Dritten (hier die Mutter) im Gegensatz zu Koalitionen gegen den Dritten im Dreieck fördert. Zusammenfassend ist dieses kurze Gespräch eine gelungen Vater-Sohn-Interaktion, ausgehend von einer Beobachtung und einer offenen Frage hin zu einem würdigenden und stärkenden gemeinsamen Erlebnis.

Jugendliche

Gespräche mit jugendlichen Kindern bedürfen einer besonderen Betrachtung. Gespräche von Jugendlichen untereinander werden in Kapitel 11 separat behandelt.

Bei Gesprächen von Eltern mit ihren jugendlichen Kindern müssen die Entwicklungsaufgaben der Adoleszenz bedacht werden. Diese Aufgaben umfassen Herausforderungen wie sich ablösen, sich abgrenzen, das Eigene finden, Kontakte unter Gleichaltrigen suchen und ausbauen und unabhängig werden. Im Übergang zum Erwachsenen suchen wir nach dem Sinn unseres Daseins und wir prüfen die Gültigkeit von Regeln, Traditionen und Konventionen. Alles bisher Gesagte über gute Gespräche gilt zwar für Jugendliche gleichermaßen, hinzukommt aber, dass wir als Eltern die genannten Entwicklungsaufgaben von Jugendlichen respektieren müssen. Wir werden uns also auch streiten und Stellung beziehen und es aushalten müssen, »dass der Hausfrieden schräg hängt«. Abwarten und Tee trinken ist dann auch eine geeignete Methode.

Wenn in der Zeit vor der Pubertät allerdings bereits eine Kultur von guten Gesprächen aufgebaut und gepflegt wurde, werden auch in der Adoleszenz zwischendurch interessante und lebendige Gespräche möglich sein. Der bereits erwähnte Grundsatz, zu respektieren, was erzählt werden will, ohne »nachzubohren«, ist in dieser Entwicklungsphase besonders wichtig. Er beantwortet das Bedürfnis nach Autonomie.

Alltagsbeispiel Eltern – Jugendlicher

Die Familie des 17-jährigen Rafael sitzt zu Tisch beim Abendessen.

MUTTER Es ist so wunderbar, hier mit euch sitzen und essen zu können.

RAFAEL Ich habe mir abgewöhnt, auf solche Aussagen etwas zu erwidern.

Die Eltern sind entsetzt und schauen Rafael an.

RAFAEL Schaut doch nicht so! Ihr sagt das einfach zu oft.

MUTTER Wir empfinden das aber wirklich so. Ich freue mich jedes Mal, wenn wir so zusammensitzen.

RAFAEL Genau, und ich nicht.

Kommentar

Diese Gesprächssequenz zeigt sehr schön das oben beschriebene Bedürfnis von Jugendlichen nach Autonomie und Abgrenzung auf. Die Bemerkung der Mutter »Es ist so wunderbar, hier mit euch sitzen und essen zu können« entspricht ihrem Gefühl der Freude. Vermutlich möchte sie diese Freude mit den anderen aus der Familie teilen. Für Rafael ist das zu viel. Er ist ehrlich und zeigt eine offene direkte Reaktion: »Ich habe mir abgewöhnt, auf solche Aussagen etwas zu erwidern.« Das Gespräch ist also auch ein Beispiel für direkte Kommunikation seitens des Jugendlichen. Die Eltern schauen ihn entsetzt, vielleicht auch verletzt an. Die Aussage, die bei den Eltern Entsetzen auslöst, könnte theoretisch als eine angemessene Rückmeldung an seine Eltern zu seinem Erleben verstanden werden. In der Praxis ist diese Sichtweise nicht so einfach umzusetzen. Rafael setzt noch einen obendrauf: »Schaut doch nicht so! Ihr sagt das einfach zu oft«. Er kann die Reaktionen seiner Eltern und sein eigenes Erleben reflektieren. Statt zu schweigen, teilt er mit, dass er eigentlich nichts erwidern möchte und dass solche Aussagen der Eltern einfach zu häufig vorkämen. Aus diesem Blickwinkel ist seine Kommunikation recht differenziert. Die Reaktion der Mutter »Wir empfinden das aber wirklich so. Ich freue mich jedes Mal, wenn wir so zusammensitzen« ist aus ihrer Enttäuschung sehr gut nachvollziehbar, aber für den Dialog nicht so förderlich. Immerhin gibt diese Bemerkung Rafael die Möglichkeit, sich noch etwas mehr abzugrenzen: »Genau, und ich nicht.« Wie hätte Rafael reagiert, wenn die Mutter, anstatt sich zu rechtfertigen, gefragt hätte: »Ich finde gut, dass du so ehrlich bist. Wie oft wäre es denn für dich passend?« Womöglich wäre der Dialog weitergegangen und Rafael hätte mehr dazu sagen können, wie es für ihn passend und stimmig wäre.

Eltern untereinander

Auch Eltern wollen sich verstanden fühlen. Da dieses Bedürfnis nicht von ihren Kindern befriedigt wird – und auch nicht befriedigt werden sollte, müssen die Eltern das untereinander oder mit anderen Personen bewerkstelligen. Eine kooperative Elternschaft ist ein entscheidender Faktor für gute und resiliente kindliche Entwicklung. Ob die Eltern als Paar getrennt sind oder nicht, spielt dafür eine untergeordnete Rolle. An dieser Stelle wird die Bedeutung von Kommunikation in der Elternbeziehung nicht nur für die Eltern selbst, sondern eben auch für die kindliche Entwicklung deutlich.

Alltagsbeispiel Eltern untereinander

Ein Vater kommt abends nach Hause. Nachdem der 3-jährige Markus und der 5-jährige Janik eingeschlafen sind, beginnt seine Frau, die Mutter der Kinder, ein Gespräch.

MUTTER Heute bin ich wegen Janik wieder fast geplatzt.

VATER Was ist passiert?

MUTTER Janik war wieder so aufgedreht. Er wollte nicht hören, hat geschrien, ist dann auf Markus losgegangen. Ich habe mich nur noch knapp im Griff gehabt und hätte ihm beinahe eine geklatscht. Ich fühle mich so schlecht. Das »Aufgedrehte« überträgt sich auf mich, als ob wir direkt verbunden wären.

VATER Fällt dir ein Bild dazu ein?

MUTTER Heizkessel! *(längere Pause)*

VATER Möchtest du mehr dazu sagen?

MUTTER Die sind unterirdisch verbunden mit Rohren. Steigt der Druck in einem Heizkessel, so steigt er über die unterirdischen Rohre automatisch im anderen Kessel.

VATER Das ist ein interessantes Bild. Was fällt dir noch dazu ein?

MUTTER Die Landschaft, in der die Heizkessel aus dem Boden ragen, ist weit und schön. *(Lange Pause, sie weint, der Vater ist einfach präsent bei ihr.)*

Kommentar

Janik ist ein sehr bewegungsfreudiges, nicht einfach zu beruhigendes Kind. Es kommt immer wieder zu Eskalationen. In dieser kurzen Gesprächsepisode ist eine sehr kooperative Elternschaft zu erkennen. Es scheint eine Gesprächskultur mit Vertrauen zu bestehen. Die Mutter wendet sich mit einer für sie schwierigen Situation an den Vater. Er fragt zunächst offen und konkret, was passiert sei. Nach ihrer Schilderung enthält er sich irgendwelcher Kommentare. Stattdessen fragt er nach einem Bild dazu. Das Bild des »Heizkessels« kommt sehr spontan und kann die Verfassung der Mutter intuitiv auf einer bildhaften Ebene zum Ausdruck bringen. Der Vater lässt ihr Zeit und stört sie nicht mit eigenen Bemerkungen. Zieloffen fragt er, ob sie mehr dazu sagen möchte. Diese wohlwollende Einladung, das Bild weiterzuentwickeln, führt bei der Mutter tatsächlich zu einem für sie ganz neuen Bild: den unterirdisch verbundenen Kesseln. Später sagt die Mutter, dass dieses Bild für sie sehr stimmig und passend ihre Problematik beschreibe. Die weite und schöne Landschaft drum herum hat sie überrascht, diese kann sie zunächst gar nicht einordnen. Sie ist berührt und vermag dies auch zu zeigen. Die Reaktion des Vaters, nichts mehr zu sagen und einfach präsent zu sein, ist günstig. Sie fühlt sich dadurch nicht beurteilt oder gar herabgesetzt, sondern irgendwie verstanden, nicht mehr so allein mit ihrer Schwierigkeit. Später berichtet sie, dass sie das Bild der unterirdisch verbundenen Kessel oft vor Augen hat und es ihr hilft, sich selbst besser zu regulieren und nicht »zu platzen«. Für den Vater ist es ein gutes Gefühl, seine Partnerin unterstützen zu können, für sie ein »offenes Ohr« zu haben. »Nur« durch sein Zuhören und seine zieloffenen Fragen kann er einen wichtigen Beitrag zum Dreieck Mutter-Vater-Kind und zur Entwicklung seines ältesten Sohnes beisteuern.

Geschwister

Klappt die Kommunikation zwischen Eltern und Kindern nicht so gut, bekommen Geschwister manchmal eine ausgleichende Funktion. Hier können gute Gespräche unter Geschwistern helfen, schädlichen Entwicklungen entgegenzuwirken, schwierige Situationen auszuhalten und aktive Bewältigungsstrategien zu entwickeln. Es gibt Geschwisterpaare, die ihre Beziehung als die vertrauteste überhaupt bezeichnen. Auf der anderen Seite gibt es Geschwister, die im Erwachsenenalter nicht mehr miteinander reden. Beide Konstellationen sind Ergebnis einer langjährigen Entwicklung mit einem komplexen Zusammenspiel aus individuellen und familiären Faktoren sowie Lebensereignissen und deren Verarbeitungen. Auf jeden Fall ist eine Geschwisterbeziehung ein großes Feld für Beziehungserfahrungen, die auch Streit und Konfliktbewältigung miteinschließen.

Neben der Paarbeziehung ist die Geschwisterbeziehung diejenige, in der am meisten gestritten wird. Es wird ausgeteilt, eingesteckt, gekämpft, Frieden geschlossen, geschrien, geschwiegen und vieles mehr. Soziale Konventionen verhindern Erfahrungen in dieser Intensität in anderen Beziehungen. Gespräche unter Geschwistern in jungem Alter entwickeln sich ohne direkte Einflussnahme durch die Eltern, worin für die Kinder eine große Chance besteht zu eigenständigem und durch die Erwachsenen ungestörtem Lernen. Indirekt lernen sie allerdings von der Kommunikationskultur der Familie. Jugendliche und erwachsene Geschwister können ihre Gesprächskultur eigenständig verbessern.

Alltagsbeispiel Geschwister

Die 15-jährige Mona und die 17-jährige Sylvia sitzen zusammen in einem ihrer Zimmer.

MONA Heute habe ich Papa gesagt, dass ich am Wochenende zur Homeparty von Dave gehen möchte. Er meinte, das sei kein guter Umgang. Er hätte in meinem Alter am Wochenende Sportanlässe mit dem Turnverein besucht.

SYLVIA Und wie war das für dich?

MONA Das nervt. Er weiß immer alles besser. Ist mir doch scheißegal, was er früher gemacht hat.

SYLVIA Und was machst du jetzt?

MONA Ich reg mich mega auf. Am liebsten würde ich ihn anschreien. Das macht es aber nur noch schlimmer.

SYLVIA Was machst du denn stattdessen?

MONA Gute Frage! Ich würde am liebsten einfach cool bleiben.

SYLVIA Wie machst du das?

MONA Keine Ahnung.

SYLVIA Kennst du jemand, der das gut kann?

MONA Ja, Steffi.

SYLVIA Und wie macht die das?

MONA Die bleibt einfach ruhig, schaut ihren Dad an und macht ihm schöne Augen.

Kommentar

In diesem Beispiel wird deutlich, wie sich Geschwister unterstützen können durch Gespräche, ohne Ratschläge zu erteilen. Ratschläge werden oft als »Schläge« empfunden oder einfach abgelehnt. Sylvia macht es geschickt. Sie fragt konsequent offen nach. Die Äußerung »Keine Ahnung« ruft regelrecht nach einem Ratschlag oder einer Belehrung wie z. B.: »Atme tief durch und zähle innerlich bis 10.« Es mag Situationen geben, in denen dieser Ratschlag genau passt und weiterhilft. Sylvia wählt einen anderen Weg. »Kennst du jemanden, der das gut kann?« Diese Frage ist geschickt, weil sie von der eigenen Überforderung weg- und zu einer Ressource hinführt. Meistens kennt man irgendjemanden, der genau das gut kann, woran man selbst gerade scheitert. Die Frage »Und wie macht die das?« ermöglicht Mona, eine Lösung zu formulieren, auch wenn sie sich selbst vielleicht noch nicht in der Lage sieht, die Situation so zu lösen. Aber ein Ansatz ist nun in Worte gefasst und Mona fühlt sich wahrscheinlich von ihrer älteren Schwester »gehört« und unterstützt. Vermutlich führt dieses kurze Gespräch zu einer Solidarität in dieser »Schicksalsgemeinschaft« der beiden Schwestern, die mit ihrem Vater irgendwie umgehen müssen.

Patchworkfamilie

Die Konstellationen von Patchworkfamilien und deren Zusammensetzungen sind vielfältig und einzigartig. Das Besondere ist, dass einzelne Beziehungen innerhalb der Patchworkfamilie neu sind, während andere alt und vertraut scheinen. Verlust und Verletzung sind fast immer wichtige Themen. Während das neue »Erwachsenenpaar« in der Regel frisch verliebt und dementsprechend seine Perspektive und Wahrnehmung gefärbt ist, ist es für die Kinder häufig deutlich schwieriger. Sie müssen sich anpassen, neue Machtverhältnisse akzeptieren und Verlust verarbeiten. Das sind erhebliche Herausforderungen! Gute Gespräche in Patchworkfamilien sind im Rahmen einer wie unten beschriebenen Familienrunde und vor allem mit den Kindern hilfreich, um diese zu unterstützen, um deren Sichtweise und Wahrnehmung herauszufinden. Es gibt keine allgemeingültigen Lösungen in diesen Konstellationen. Gute Gespräche können einzigartige Ergebnisse hervorbringen. Oft haben die Kinder Lösungsansätze und Ideen, auf die Erwachsene gar nicht kommen. Daneben können den Kindern ihnen bekannte Rituale Halt geben. Neben Gesprächen in der Gruppe der Familie sollte es immer auch Raum für Einzelgespräche mit den einzelnen Kindern geben.

Alltagsbeispiel Einzelgespräch in einer Patchworkfamilie

Sarina ist die Tochter der Frau von Ernesto aus erster Ehe. Sie ist 19 Jahre alt und auf der Suche nach einer für sie passenden Ausbildung und Lebensperspektive. Ernesto sieht sich selbst nicht in der Rolle des Stiefvaters, erstens, weil er seine jetzige Frau erst wenige Jahre kennt, und zweitens, weil die Eltern von Sarina trotz Trennung ihre Elternschaft kooperativ wahr- und ernst nehmen. Vermutlich gerade deshalb, weil Ernesto keine Vaterrolle übernimmt und etwas mehr Distanz hat, sucht Sarina seit einigen Monaten vermehrt das Gespräch mit ihm.

SARINA Kann ich mit dir mal über das Thema Geld sprechen?

ERNESTO Ja, klar. Was interessiert dich daran?

SARINA Ich habe das Gefühl, ich kann mit Geld nicht umgehen. Wie wichtig sollte mir Geld überhaupt sein? *(Pause)* Eigentlich ist Geld eine sehr komische Sache.

ERNESTO Wie würdest du einem 8-jährigen Kind erklären, was Geld ist?

SARINA Coole Frage! *(überlegt)* Ich kann mir mit Geld ein rotgeblümtes Kleid kaufen, mit meinen Freunden Eis essen gehen und auf eine Südseeinsel fliegen. Wenn kein Geld mehr da ist, kann ich das nicht mehr tun.

ERNESTO Und was kommt dir noch zu Geld in den Sinn?

SARINA Geld ist eine Art von Energie, die am besten im Fluss ist.

ERNESTO Ich weiß ja, dass du gerne an einen Fluss gehst, dort verweilst und badest.

SARINA *(lacht)*

ERNESTO Wie macht der Fluss das, dass er fließt?

SARINA Da kommt durch Regen Wasser dazu ... und oben wird von innen aus dem Berg das Wasser rausgedrückt. *(lächelt)*

ERNESTO Du lächelst?

SARINA Wenn Geld von innen rausgedrückt würde, wäre das wirklich lustig *(Pause)*, so wie bei dem Esel, der Goldmünzen scheißt. *(wird nach einer Lachsalve wieder ernst)*

ERNESTO Was geht dir durch den Kopf?

SARINA Dass es den Esel nur im Märchen gibt. *(Pause)* Und ich, wie werde ich zu Geld kommen?

ERNESTO Hast du schon eine Idee?

SARINA Leider noch nicht. Geld ist mir nicht so wichtig. Mir ist wichtiger, eine Tätigkeit zu finden, die ich total gerne mache und die mich glücklich macht.

ERNESTO Möchtest du noch etwas sagen?

SARINA Nein, das war ein interessantes Gespräch.

Kommentar

Dieses Beispiel eines Einzelgespräches zeigt, dass Patchworkfamilien gegenüber herkömmlichen Familien neben komplizierten Kommunikationssituationen auch Potenziale bieten. Sarina nutzt hier die neutralere Rolle von Ernesto für ein zieloffenes Gespräch. Sarina bezeichnet Ernesto als »neuen Mann meiner Mutter«, also nicht als »Papi« oder »Stiefpapi«. Ernesto sieht sich selbst auch nicht als solcher. Diese Konstellation gibt offenbar eine Freiheit innerhalb einer vertrauten Beziehung. Als Vater ein solch zieloffenes Gespräch zu führen, wäre zwar auch möglich, aber deutlich schwieriger, weil ein Vater eine Erzieherrolle innehat oder mindestens eine Verantwortung bezüglich der Ausbildung und Lebensperspektive seiner Tochter verspüren würde.

Weitere Aspekte tragen im Beispiel zu einer günstigen Kommunikationssituation bei. Sarina ist motiviert für ein Gespräch und hat ein Anliegen. Ernesto scheint dafür aufgeschlossen zu sein und versteht es hervorragend, offene Fragen zu stellen und sich Ratschlägen zu enthalten. Ernestos Frage »Wie würdest du einem 8-jährigem Kind erklären, was Geld ist?« ist für Sarina ungewohnt und anregend. Sie antwortet sehr konkret und beschreibt, welche Auswirkungen der Besitz von Geld auf ihren Lebensalltag hat. Ernesto bleibt bei seinen offenen Fragen: »Und was kommt dir noch zu Geld in den Sinn?« Diese Fragen ermöglichen es Sarina, ihre Innenwelt und ihr Verhältnis zu Geld weiter zu erkunden. Sie vergleicht Geld mit Energie und »Im-Fluss-Sein«. Ernesto bringt hier eine Parallele zu Sarinas alltäglichem Leben ein und stellt erneut eine ungewöhnliche Frage zum Bild des Flusses: »Wie macht der Fluss das, dass er fließt?« Diese Frage öffnet Sarina, weil sie ungewohnt ist. Sie regt sie an, im Bild in ungewohnten Bahnen weiterzudenken: »Da kommt durch Regen Wasser dazu … und oben wird von innen aus dem Berg das Wasser rausgedrückt.« Das Schöne an Bildern und Metaphern ist ihre Vielschichtigkeit und Mehrdeutigkeit und dass sie damit kreatives Denken anregen. Welche Schicht oder welche Bedeutung kommt Sarina nun im Zusammenhang mit dem darunterliegenden Thema Geld in den Sinn? Der kreative

Prozess läuft, was Ernesto daran erkennt, dass Sarina lächelt. Er braucht das nur aufzunehmen: »Du lächelst?« Und schon läuft es weiter. Sie verknüpft nun das Bild des Flusses selbst mit dem Thema Geld und ihr kommt der Goldesel in den Sinn. Hervorzuheben ist, dass es sich hier um einen von Sarina selbst gestalteten und gesteuerten Prozess handelt und nicht um eine von Ernesto gesteuerte Beratung. Nachdem sie nach einer Lachsalve sehr ernst wird, frägt er schlicht und einfach: »Was geht dir durch den Sinn?« Sie kann weiter auf dem Fluss ihrer Bilder und Gedanken fahren. Sie realisiert, dass es in ihrem Leben anders zu- und hergeht als in einem Märchen, und fragt sich, wie sie selbst zu Geld kommen soll. Ernesto bleibt standhaft bei seinen offenen Fragen: »Hast du schon eine Idee?« Sarina verortet sich nun mit ihrem aktuellen Verhältnis zu Geld: »Geld ist mir nicht so wichtig. Mir ist wichtiger, eine Tätigkeit zu finden, die ich total gerne mache und die mich glücklich macht.«

Welche umfassende Erweiterung hat hier der einleitende, selbstabwertende Satz von Sarina »Ich habe das Gefühl, ich kann mit Geld nicht umgehen« erfahren? »Nur« durch offene Fragen von Ernesto ist Sarina zu einer Erkenntnis gelangt über sich selbst, ihr aktuelles Verhältnis zu Geld und ihre Lebensperspektive. Durch die letzte Frage von Ernesto kann sie das Gespräch, stimmig zum gesamten Gesprächsverlauf, selbstbestimmt beenden.

Wie können im familiären Kontext gute Gespräche gelingen?

Unter Familienmitgliedern ist es besonders wichtig, zu respektieren, was jemand erzählen möchte und was nicht. Gemäß dem Grundanliegen dieses Buches ist das Wichtigste das präsente Zuhören. Das klingt banal, ist es aber nicht. Unabhängig von seinem Alter spürt jedes Kind und spüren viele Erwachsene auch, wenn ihnen nicht »richtig« zugehört wird, wenn ihr Gegenüber abgelenkt ist oder nur »so tut als ob«. Daraus folgt, zunächst müssen wir uns darum kümmern, dass Gespräche überhaupt stattfinden, dass wir uns Zeit nehmen und Störungen minimieren. Dann können wir eine förderliche Grundhaltung einnehmen nach dem Motto: »Ich weiß, dass ich nichts weiß.« Und schließlich »bin ich ganz Ohr« dafür, was mir erzählt wird.

Vielleicht erzählt mir mein Kind, mein Enkelkind, mein Partner oder meine Partnerin in der Elternschaft, mein Bruder oder meine Schwester oder sonst ein Familienmitglied etwas komplett Neues? Ich zeige mein Interesse an meinem Gegenüber. Ich respektiere Grenzen. Ich »bohre nicht nach«, sondern freue mich über das, was ich erfahre. Dieser Grundsatz hängt mit dem Thema »Grenzen respektieren« direkt zusammen. Wenn ich als Kind die Erfahrung mache, dass meine körperlichen und meine emotionalen Grenzen respektiert werden, dann ist das eine sehr wichtige Erfahrung für mein Selbstgefühl: Ich brauche keine Angst zu haben, sondern kann mich sicher fühlen. Ich kann mich wehren. Ich werde respektiert. Solche Grunderfahrungen werden abgespeichert und dienen für das spätere Leben als innerer Kompass. Für gute Gespräche in der Familie ist es günstiger, mehr zuzuhören als zu diskutieren oder zu belehren!

Für gute Gespräche in der Familie ist es wichtig, ein paar Regeln zu beachten. Dazu gehören die folgenden Punkte:

- dafür sorgen, möglichst ungestört zu sein
- wenn die Gefühle kochen, erst einmal beruhigen und deeskalieren
- Grenzen respektieren
- in der Gruppe dafür sorgen, dass alle zu Wort kommen
- auf balancierte Redeanteile schauen
- es wird nur besprochen, was erzählt werden will
- Abmachungen einhalten
- sich für Gespräche Zeit einplanen und nehmen.

Alltagsbeispiel Gruppengespräch in der Familie

Tino ist 8 und Erna ist 7 Jahre alt. Beide werden an zwei Tagen die Woche von ihrer Großmutter betreut. Grundsätzlich spielen beide gut miteinander, manchmal explodiert es. Erna ist ein cleveres Mädchen, Tino ein ausgeglichener, in sich ruhender Junge. Erna will unbedingt mit Tino spielen, in letzter Zeit »erzieht« sie aber Tino. Wenn Tino ihr einen Ball zu hoch zuwirft, ruft sie seinen Namen in einer langgezogenen Art mit schneidendem und gleichzeitig weinerlichen, für die Großmutter unerträglichen Tonfall: »Tiiiiiiiiino«! Dann beschwert sie sich über dies und jenes: »Jetzt hat er wieder …«

Die Großmutter hat ihr schon oft gesagt, dass sie nicht so zu ihrem Bruder reden solle. Sie mache es aber bei der nächsten Gelegenheit weiter so, wie bei einem »Kratzer in der Schallplatte«.

Die Großmutter hat eine Idee:

GROSSMUTTER Hört mal zu, ich habe eine Idee. Erna, dein Bruder heißt Tino. Immer wenn dich etwas stört, sagst du »Tiiiiiiiiino«. Wie klingt das?

ERNA *(lacht)*

TINO *(lacht auch)* Und wie sage ich?

GROSSMUTTER Du sagst »Ernaaaaaaa«. *(beide lachen wieder)* Ich kann diesen Tonfall nicht mehr ertragen. Ab heute gilt: Immer, wenn ich bei euch bin, hast du, Erna, fünfmal ein »Tiiiiiiiiino« gut. Dann mag ich es nicht mehr hören mit meinen alten Ohren. Dann gehst du alleine spielen.

ERNA *(hört aufmerksam zu)*

TINO Gilt das auch für mich?

GROSSMUTTER Ja, klar gilt das auch für dich.

ERNA Aber du auch, Oma!

GROSSMUTTER Ja sicher, ich auch, ich muss doppelt aufpassen. *(Alle drei lachen miteinander.)*

Die beiden spielen weiter und nach einer Weile rutscht Erna ein »Tiiiiiiiiino« raus. Erschrocken schaut sie die Großmutter an und überlegt.

ERNA Gell, ich habe noch vier?

GROSSMUTTER Ja, ja, das langt noch lange für den ganzen Tag.

Eine Woche später hütet die Großmutter wieder ihre Enkelkinder.

ERNA Oma, gilt die »Tiiiiiiiiino«-Regel noch?

GROSSMUTTER Ja, die Regel gilt jetzt jedes Mal, wenn ich komme.

ERNA *(denkt längere Zeit nach)* Gilt die Regel auch, wenn ich es nur denke?

GROSSMUTTER Nein, denken kannst du es hundertmal, denken darfst du, was du willst.

An diesem Tag sagt Erna noch einmal »Tiiiiiiiiino« und Tino einmal »Ernaaaaaaa«. Beide lachen, als sie es merken. Ab diesem Zeitpunkt kommt es nicht mehr vor, dass Erna ihren Bruder in dieser Form maßregelt.

Kommentar

Dieses Alltagsbeispiel ist ein spontanes Familiengespräch, das insbesondere die Aspekte Direktheit gepaart mit Humor und Resonanz demonstriert und aufzeigt, zu welcher Selbstreflexion ein 7-jähriges Mädchen fähig ist. Durch die Art, wie die Großmutter das Gespräch führt, ermöglicht sie Erna, Impulskontrolle aufzubauen. Tino hat in diesem Gespräch eine untergeordnete Rolle. Er kann sich aber beteiligen und wird allein durchs Zuhören selbst daran lernen. Außerdem wird er indirekt gewürdigt, weil sich die Großmutter um die Maßregelungen und Beschwerden seiner jüngeren Schwester kümmert. Schließlich muss nicht nur seine Großmutter, sondern er selbst das »Tiiiiiiiino« nicht mehr ertragen, welches Ausgangspunkt des Dialoges gewesen war.

Das »Tiiiiiiiino« kann hier als negatives Schlüsselwort bezeichnet werden. Es löst bei der Großmutter durch den ätzenden Tonfall eine negative Resonanz aus. Mit der Zeit kann sie es nicht mehr »ertragen«. Sie beginnt das spontane Gespräch mit einer Einladung zuzuhören: »Hört mal zu, ich habe eine Idee«, und mit einer offenen Frage: »Wie klingt das?« Das stimuliert die Aufmerksamkeit der Kinder. Sie greift das negative Schlüsselwort »Tiiiiiiiino« genau mit der schneidenden und weinerlichen Betonung auf. Die Kinder müssen lachen. Wahrscheinlich sind sie überrascht, dass Oma »nachäfft«. Das ist für sie lustig und nimmt der ganzen Angelegenheit die Schärfe. Gleichzeitig bekommt das Thema aber etwas Ernstes durch die direkte Rückmeldung der Großmutter: »Ich kann diesen Tonfall nicht mehr ertragen.« Dann stellt sie eine Regel auf.

Möglicherweise ist genau das direkte Aussprechen der Emotion der Großmutter das Entscheidende dafür, dass Erna so gut auf den Vorschlag einsteigen kann. Denn Kinder spüren Emotionen und Anspannungen bei den Erwachsenen sehr gut. Wenn sie ausgesprochen sind, ist es leichter zu fassen, besser einzuordnen. Erna kann hier aus einem eingefahrenen Verhaltensmuster aussteigen, indem ihr eine direkte Rückmeldung gegeben wird, was ihr Verhalten bei anderen für Gefühle auslöst. Außerdem wird ihr dann Raum für Selbstreflexion gegeben. Günstig ist, dass Tino im Gespräch dabei ist und er sich auch einbringen kann. So wird es zu einem Gruppengespräch und einer Kommunikation zu dritt. Die Art der Betonung kann so auch auf Ernas Namen angewendet werden: »Ernaaaaaaaa«! Obwohl Tino das gar nicht häufig macht und es insofern kein Problem ist, bringt dieser Moment das Gespräch auf »Augenhöhe«. Erna fordert auch von ihrer Oma, sich an die Regel zu halten: »Aber du auch, Oma!« Diese geht humorvoll darauf ein und hebt das Gefälle zwischen Erwachsenen und Kindern für diese Situation auf. So können alle drei am Gleichen lernen und sich über Lernerfolge freuen.

Fazit Gespräche in der Familie

Die Familie ist der Ort, wo gute Gespräche von Anfang an geübt werden können. Je nach Alter der Kinder sind unterschiedliche Dinge zu beachten, um gut zu kommunizieren. Hinderlich ist die Ansicht, das andere Familienmitglied bereits zu kennen. Günstig ist, vom ersten Lebenstag an eine Kultur guter Kommunikation aufzubauen. Das erleichtert auch spätere Gespräche mit jugendlichen Kindern. Es braucht besonderes Augenmerk auf Regeln und Vereinbarungen, damit sich einerseits die Erfahrung festigen kann, dass Grenzen respektiert werden, und andererseits vertrauensvolle Beziehungen aufgebaut werden können. Gute Gespräche in der Familie tragen dazu bei, dass ich mich »verstanden fühle« und stabil und resilient für die Herausforderungen des Lebens werde.

Praxis Gespräche in der Familie

Praxis Kommunizieren mit Babys und ganz kleinen Kindern

Variante 1: Nimm dir 20 Minuten ungestörte Zeit mit deinem Baby. In dieser Zeit machst du nichts anderes als zuschauen, abwarten und dich wundern darüber, was dein Baby macht. Das können natürlich auch beide als Eltern gemeinsam machen. Diese »Übung« fördert deine Beobachtungsgabe und deine Feinfühligkeit und insbesondere deine Fähigkeit, dein Baby »ausreden« zu lassen, ihm nicht »ins Wort zu fallen«. Das Baby erlebt eine pure Form von »Beachtetwerden«.

Variante 2: Nimm dir 10 Minuten ungestörte Zeit mit deinem Baby. In dieser Zeit machst du nichts anderes als das, was dein Baby gerade tut, mit deiner Stimme zu begleiten. Du kannst Töne und Geräusche machen und Wörter verwenden. Vermeide »Dauertexten«. Es gibt einen Dialog und das ist ein Wechselspiel mit sehr kleinen Pausen.

Falls ihr das als Eltern gemeinsam machen wollt, braucht ihr etwa 30 Minuten. Ein Elternteil hat jeweils die Aufgabe, das Eltern-Kind-Paar zu beobachten. Nach den ersten 10 Minuten gibt es eine Rückmeldung von der Beobachterin / dem Beobachter über das, was gesehen wurde. Die Rückmeldung wird nicht diskutiert. Dann gibt es einen Rollenwechsel und wieder Feedback. Diese »Übung« fördert deine Feinfühligkeit und deine Fähigkeit zu nonverbaler Kommunikation. Das Baby erlebt eine pure Form eines bezogenen und präsenten »Gesprächs«.

Variante 3 (für alle Familienmitglieder): Nehmt euch 20 Minuten Zeit. Bildet einen Kreis am Boden. In die Mitte kommt das Baby. Macht es ihm gemütlich. Alle schauen dem Baby zu und beschreiben, was sie beobachten. Man kann auch sagen, was man jeweils meint, was im Baby vor sich geht, was es fühlt oder was es möchte. Diese »Übung« fördert die Feinfühligkeit, den Sprachgebrauch und die Fähigkeit aller Familienmitglieder zu reflektieren.

Was das Baby erlebt, hängt von der Atmosphäre ab, die entsteht. Es kann ein schönes Erlebnis sein, im Zentrum zu »stehen«. Es braucht in jedem Fall einen Erwachsenen, der dafür sorgt, dass alle zu Wort kommen, die das möchten.

Praxis Kommunizieren mit kleinen Kindern (3–6 Jahre)

Mit Kindern in diesem Alter sind Gespräche sehr kurz, manchmal bestehen sie nur aus einer Frage und einer Antwort. Sie finden dort statt, wo sie entstehen. Du machst mit ihnen ja keinen Termin ab und setzt dich ungestört mit ihnen für eine halbe Stunde hin. Deshalb müssen die folgenden praktischen Anregungen in den Alltag einfließen. Das Wichtigste ist wie beschrieben das Schlüsselwortprinzip und das Eingehen auf die bildhafte Sprache. Du kannst »Übungen« für dich selbst machen, um diese beiden Aspekte bewusster zu berücksichtigen.

Variante 1: Du kannst dir für einen Nachmittag vornehmen, besonders auf Schlüsselworte zu achten. Du hörst dem Kind zu, wie wenn du einem Musikstück lauschen würdest. Dabei schaust du, welche Worte bei dir besonders anklingen und hängen bleiben. Diese Worte lösen eine besondere Resonanz in dir aus. Du kannst auch darauf achten, ob das Kind ein Wort mehrmals verwendet. Auch das ist dann ein Schlüsselwort. Wenn es passt, kannst du das Schlüsselwort lediglich wiederholen oder eine einfache offene Frage dazu stellen, zum Beispiel: »Was ist das ...?«, »Was macht man mit ...?« oder »... und was noch?«.

Variante 2: Über einen Zeitraum von einer Stunde machst du dir eine Liste der Sprachbilder, die dein Kind verwendet. Am Abend liest du diese Liste deiner Partnerin oder deinem Partner vor.

Variante 3: Du schaust über einen festgelegten Zeitraum, ob und in welchen Situationen du dein Kind belehrst oder korrigierst. Erinnere dich, ob dich dein Kind vor deiner »Belehrung« ganz konkret etwas gefragt hat.

Praxis Kommunizieren mit Schulkindern (6–11 Jahre)

Variante 1: Nimm dir 10 Minuten Zeit für ein Gespräch mit deinem Kind, je nach Alter und Ausdauer auch weniger. Für dieses Gespräch hältst du dich mit Kommentaren und eigenen Bemerkungen zurück. Beginne mit irgendeiner offenen Frage, zum Beispiel: »Was möchtest du mir erzählen?« oder »Was hast du heute erlebt?«, »Was beschäftigt dich?«. Nun hörst du der Erzählung zu wie Musik. Wenn dein Kind aufhört zu sprechen, stellst du eine einfache, kurze und konkrete Frage zu einem Wort, das bei dir angeklungen ist, das du besonders herausgehört hast. Wenn das Gespräch fertig scheint, stellst du die Frage: »Können wir unser Gespräch hier beenden oder willst du noch etwas sagen?« Wichtig ist an dieser Stelle, dass du dir die Zeit nimmst auch für das, was jetzt noch kommt, selbst wenn die 10 Minuten schon rum sind. Wenn es für dich passt, kannst du am Schluss eine würdigende Bemerkung zu dem machen, was du gehört hast. Dies sollte kein überschwängliches Lob sein, sondern einfach eine anerkennende Bemerkung in Form einer Ich-Botschaft.

Variante 2: Nimm dir 10 Minuten Zeit mit deinem Kind. Denk an heute oder gestern und frage dich: Welche Bemerkung oder welches Verhalten meines Kindes hat mir gefallen, fand ich gut, angenehm oder lustig? Mach eine anerkennende Bemerkung darüber! Versuche diese Bemerkung als Ich-Botschaft zu formulieren, zum Beispiel: »Mir hat gefallen, dass ...«, »Mich hat gefreut, ...«, »Ich fand gut/lustig, als du ...«, »Ich habe ... bewundert«, »Mich hat beeindruckt, dass ...«. Wenn du fertig bist, kannst du dein Kind fragen, was ihm an dir oder einem anderen Familienmitglied gefallen hat, was es lustig fand usw.

Variante 3: Spielt in der Familie das Spiel *Wer gut fragt, gewinnt. Ein Spiel für bessere Gespräche durch gute Fragen und aktives Zuhören*. Passt das Niveau auf das jüngste mitspielende Kind an. Du kannst Situationskarten und Redewendungen heraussuchen, die für das Alter passen, oder eigene erfinden. 30 der Situationskarten sind speziell für Kinder und Jugendliche.

Praxis Kommunizieren mit jugendlichen Kindern

Ziel beim Üben von Gesprächen mit Jugendlichen ist es, eine gute Gesprächskultur zu entwickeln. Die unten aufgeführten Varianten beruhen auf vollständiger Freiwilligkeit und dienen eben dazu, eine solche Gesprächskultur längerfristig aufzubauen. Wie oben erwähnt, ist es mit Jugendlichen besonders wichtig, Grenzen zu respektieren. Dazu gehört, dass nur darüber gesprochen wird, worüber der Jugendliche sprechen möchte. Wenn es gelingt, über die Zeit der Adoleszenz hinweg immer wieder gute Gespräche zu führen, werden auch die Konflikt- und Klärungsgespräche einfacher.

Oft haben Jugendliche »keinen Bock« zu reden. Das solltet ihr respektieren. Vielleicht könnt ihr euch in diesem Fall kleine Anreize überlegen, die eure jugendlichen Kinder motivieren könnten, sich auf Gespräche einzulassen. Einfach nicht zu schnell aufgeben. Wenn sie erst einmal gemerkt haben, dass sie in den Gesprächen respektvoll behandelt werden und die Gespräche durchaus interessant sein können, werden sie sich einlassen.

Eine gute Gesprächskultur hilft dann auch, wenn ein Krisengespräch oder die Klärung eines Konfliktes ansteht. Solche Unterredungen müssen natürlich nicht auf vollkommener Freiwilligkeit beruhen. Jedes Familienmitglied und insofern auch Eltern können auf einem Gespräch bestehen und das Thema vorgeben. Vielleicht kann der Sohn oder die Tochter den Zeitpunkt mitbestimmen. Das fördert die Gesprächsbereitschaft. Bei Klärungsgesprächen, die Meinungsverschiedenheiten oder Konflikte betreffen, ist es besonders wichtig, in Ich-Botschaften Gefühle direkt anzusprechen. Zum Beispiel »dies ... macht mich ärgerlich« oder »dies ... stört mich«. Je konkreter der Punkt angesprochen werden kann, der ärgerlich macht oder der stört, desto besser. Allgemeine Aussagen wie »immer« oder »nie« lässt man besser weg. Im Anschluss an eine Ich-Botschaft über eigene Gefühle ist es günstig eine offene Frage zu stellen, zum Beispiel: »Wie ist das für dich?« oder »Was denkst du darüber?«. Neben dem, was dich stört oder ärgert, solltest du immer auch positiv formulieren, was du dir wünschst. Auch hierbei gilt das Prinzip: je konkreter, desto besser.

Für die folgenden Praxisübungen empfehle ich, mit Variante 1 und 2 zu beginnen. In Variante 3 könnt ihr Klärungsgespräche üben. Themen für solche »Übungsgespräche« gibt es ja in der Regel genug. Auch Variante 3 bedarf einer Einwilligung des Jugendlichen. Sonst wäre es ja kein »Übungsgespräch«.

Variante 1: Frage deine Tochter oder deinen Sohn, ob sie/er sich demnächst einmal eine halbe Stunde Zeit für ein Gespräch mit dir nehmen würde. Sage, du hättest Interesse an ihr/ihm, an dem, was sie/ihn beschäftigt. Führe das Gespräch nur, wenn sie/er einwilligt. Frage zu Beginn, ob sie/er lieber erzählen möchte oder auch will, dass du von dir etwas erzählst. Dieser Einstieg soll vermitteln, dass die Jugendlichen mitbestimmen können, dass ihr »auf Augenhöhe« reden wollt. Wenn das geklärt ist, achte darauf, dass ihr es so wie abgemacht durchführt.

Frage, wer beginnen soll, und mach es so, wie der Jugendliche es wünscht. Falls du beginnst, stelle eine offene Frage wie zum Beispiel: »Was möchtest du erzählen?« oder »Was beschäftigt dich?«. Wenn diese Fragen zu offen sind, kannst du etwas Konkreteres fragen, wie zum Beispiel: »Wie war es heute/gestern im ... oder mit ...?« Für dieses Gespräch hältst du dich mit Kommentaren und eigenen Bemerkungen zurück. Wenn deine Tochter /dein Sohn aufhört zu sprechen, stellst du eine einfache, kurze und konkrete Frage zu einem Wort, das bei dir angeklungen ist, das dich besonders angesprochen hat.

Wenn das Gespräch fertig scheint, stellst du die Frage: »Können wir unser Gespräch hier beenden oder willst du noch etwas sagen?« Wichtig ist an dieser Stelle, dass du dir die Zeit nimmst auch für das, was jetzt noch kommt, selbst wenn die abgesprochene Zeit schon rum ist. Wenn es für dich passt, kannst du am Schluss eine würdigende Bemerkung zu dem machen, was du gehört hast. Dies sollte kein überschwängliches Lob sein, sondern einfach eine anerkennende Bemerkung in Form einer Ich-Botschaft.

Variante 2: Frage deine Tochter oder deinen Sohn, ob sie/er sich demnächst einmal eine halbe Stunde Zeit für ein Gespräch mit dir nehmen würde. Sage, du hättest Interesse, einmal über schöne und interessante Erlebnisse zu reden. Wenn dem zugestimmt wird, frage, ob er oder sie erst erzählen oder fragen möchte, und nimm den Wunsch auf. Teilt die 30 Minuten so ein, dass beide drankommen mit dem Erzählen. In dieser Variante sind die Rollen so verteilt, dass eine erzählt und eine zuhört, kein Hin und Her.

Angenommen, dein Kind möchte erst erzählen, dann beginnst du mit der Frage: »Gehe im Kopf in der Zeit zurück, bis du auf ein schönes oder interessantes Erlebnis stößt. Kannst du mir davon erzählen?« Wenn dein Kind aufhört zu erzählen, greifst du ein Wort auf und stellst dazu eine offene Frage. Du kannst auch ohne Schlüsselwort eine offene Frage stellen, zum Beispiel: »Was war das Schöne/Interessante daran?«, »Was hat dich daran gefreut?«, »Was kommt dir noch dazu in den Sinn?«, »Kannst du mir mehr davon erzählen?«, »Was geht dir dazu durch den Kopf?«.

Wechselt ungefähr nach 10 Minuten die Rollen. Tauscht euch jeweils kurz darüber aus, wie das Gespräch für dich als Befragten und als Fragenden gewesen ist.

Variante 3: Frage deine Tochter oder deinen Sohn, ob sie/er sich demnächst einmal eine halbe Stunde Zeit für ein Gespräch mit dir nehmen würde. Sage, du hättest Interesse daran, mit ihm oder ihr zu üben, Meinungsverschiedenheiten oder Konflikte zu klären. Frage, ob es gerade ein Thema gibt, das er oder sie klären möchte. Vielleicht gibt es auch einen Streit, über den er oder sie sich zu reden vorstellen könnte. Du kannst den Übungscharakter betonen. Das senkt die Hemmschwelle. Du selbst möchtest auch üben. So kommuniziert ihr auf Augenhöhe. Vielleicht hat der Sohn oder die Tochter im Verlauf des Gespräches Hinweise, was ihr als Eltern besser machen könnt. Das ist übrigens häufig der Fall und sehr hilfreich. Günstig ist, sich den Übungscharakter vorher und während des Gespräches immer wieder bewusst zu machen. Das schafft eine nötige Distanz.

Ihr könnt diese »Übung« auch zu dritt machen. Der Dritte im Bunde bekommt die Aufgabe, zu beobachten und zwischendurch seine Beobachtungen den anderen beiden zurückzumelden. Versuche dabei nur deine Wahrnehmungen zu formulieren und Bewertungen, Beurteilungen und Parteinahmen wegzulassen. Diese Aufgabe ist sehr anspruchsvoll.

Variante 4: Spielt mit euren jugendlichen Kindern das Spiel *Wer gut fragt, gewinnt. Ein Spiel für bessere Gespräche durch gute Fragen und aktives Zuhören*. Passt das Spiel gegebenenfalls an die Wünsche oder Vorlieben der Jugendlichen an. 30 der Situationskarten sind speziell für Kinder und Jugendliche.

Praxis Kommunizieren in der ganzen Gruppe der Familie

Variante 1 (Familienrunde): Vereinbart einen Zeitpunkt, zu dem sich alle Familienmitglieder treffen. Es kann ein einmaliger Termin oder ein wöchentlich stattfindender sein. Letzteres hat den Vorteil, dass es wiederkehrend zur Alltagsroutine wird. Legt je nach Anzahl der Familienmitglieder sowie Alter und Übung der Kinder einen Zeitrahmen fest (zum Beispiel 15–45 Minuten), der auch eingehalten wird. Es gibt einen Moderator, der zunächst ein Erwachsener ist, bei gewisser Übung kann diese Position aber auch reihum gehen. Der Moderator achtet darauf, dass die Regeln und die Zeit eingehalten werden.

Zu Beginn werden die Kommunikationsregeln besprochen. Bewährt haben sich zum Beispiel die folgenden:

- begrenzte Redezeit pro Person auf beispielsweise 5 Minuten
- ausreden lassen, also nicht dazwischenreden, wenn ein anderer spricht
- freundlich sein, also keine Beschimpfungen oder Beleidigungen
- jede/jeder erzählt nur das, was er möchte.

Ihr könnt natürlich auch weitere oder andere Regeln festlegen.

Die Runde beginnt zum Beispiel mit der Frage: »Was möchtest du erzählen?« Wenn die Person fertig ist und noch keine 5 Minuten rum sind, kann jedes Familienmitglied eine offene Frage stellen zum Gesagten. So können mit der Zeit einfache, offene und kurze Fragen geübt werden. Es soll nicht interpretiert und beurteilt werden. Wenn einen etwas stört, kann er das in seiner Redezeit in Form einer »Ich-Botschaft« sagen. Ich-Botschaften fangen an mit: »Ich finde ..., meine ..., nehme wahr ...« oder »Mich stört ..., das macht mich ...«. Jeder redet von sich, nicht über andere.

Am Schluss gibt es eine Runde, in der jede Person sagen kann, was ihr am heutigen Gespräch gefallen hat. Sie kann auch ein Kompliment machen zu einem Familienmitglied. In dieser Schlussrunde wird das Würdigen geübt.

Variante 2 (Belohnung für gutes Kommunizieren): Entscheidet euch für einen Aspekt von guter Kommunikation, zum Beispiel »Ausredenlassen«, »Ich-Botschaften« oder »Komplimentemachen«. Es wird eine Liste über einen definierten Zeitraum geführt mit allen Familienmitgliedern, die mitmachen wollen. Die Liste liegt an einem festgelegten Ort offen aus. Jeder kann Punkte oder Smileys oder was auch immer vergeben und in der Liste eintragen, wenn er ein Beispiel beobachtet hat. Das kann alle Kommunikationssituationen im Alltag betreffen, wie gemeinsames Essen, Reden, Spielen usw. Wenn eine bestimmte Punktzahl, die ihr vorher festgelegt habt, erreicht ist, gibt es eine Belohnung für die betreffende Person. Auch die Belohnung sollte vorher festgelegt werden. Günstiger als materielle Belohnungen sind gemeinsame Tätigkeiten, Spielzeiten oder Unternehmungen. Sie sollten nicht zu groß, sondern angemessen sein. Es ist von Vorteil, nicht allzu starr an den Regeln festzuhalten, sondern das Ganze spielerisch und flexibel anzugehen. Eine Familienrunde, die wöchentlich stattfindet, eignet sich für eine Auswertung und für die Sicherstellung, dass Belohnungen wirklich stattfinden. Diese Aufgabe können auch die Eltern übernehmen, wenn es nicht zu einer regelmäßigen Familienrunde kommt.

Variante 3: Spielt das Spiel Wer gut fragt, gewinnt. Ein Spiel für bessere Gespräche durch gute Fragen und aktives Zuhören. Passt es an das Alter eurer Kinder an. 30 der Situationskarten sind speziell für Kinder und Jugendliche. Nehmt es nicht zu ernst. Humor ist ein sehr wichtiger Aspekt für gelingende Kommunikation. Schaut, in welche Richtung sich das Spiel heute entwickelt.

Praxis Kommunizieren in der Elternschaft

Ihr könnt das Kapitel »Gespräche in der Partnerschaft« lesen und euch überlegen: Worin unterscheidet sich eigentlich unsere Paarbeziehung von unserer Elternschaftsbeziehung?

In der Regel gibt es hier Unterschiede, da ihr eine andere Rolle und damit andere Herausforderungen habt. Bei der Elternschaft geht es um die Rolle des Vaters oder der Mutter und wie ihr in diesen Rollen miteinander kommuniziert und kooperiert. Es gibt viele verschiedene Herausforderungen, die ihr im Übergang vom Paar zur Elternschaft zu meistern habt. Es geht um das Gedeihen eures Kindes, um die Kommunikation zu dritt, um die Einbettung in euer soziales Netz und die Koordination von Beruf und Familie. Gleichzeitig wird mit der Ankunft eines Kindes die Beziehung zu den eigenen Eltern reaktiviert. Es gäbe also genug Themen, um sich darüber auszutauschen. Meist fehlt die Zeit. Letzten Endes ist es eine Frage der Priorität, ob ein Elternpaar sich die Zeit für Gespräche miteinander nimmt und einplant.

Praxis Kommunizieren unter Geschwistern

Ihr könnt das Kapitel »Gespräche unter Freundinnen und Freunden« lesen. Die praktischen Übungen können von dort übernommen werden. Darüber hinaus könnten für euch unter Geschwistern die folgenden Gesprächsvarianten interessant sein. Grundsätzlich ist es unter Geschwistern besonders wichtig, untereinander Grenzen zu respektieren und niemanden zu drängen, irgendetwas zu tun oder zu sagen.

Variante 1: Überlege dir, mit welchem Geschwister du gerne welches Thema besprechen möchtest. Frage sie oder ihn, ob sie/er sich einmal Zeit für ein gemeinsames Gespräch nehmen würde. Ich empfehle, einen Zeitrahmen zu vereinbaren und diesen in zwei Hälften aufzuteilen, damit jeder zu Wort kommen kann. Je jünger ihr seid, desto kürzer wird die Zeitdauer in der Regel sein. Nun gibst du das Thema oder die Situation vor, über die du sprechen möchtest, und stellst eine offene Frage dazu. Zum Beispiel: »Kannst du mir dazu etwas erzählen?« oder »Wie ist das für dich?«. Günstig ist, wenn du wirklich auf das Zuhören umstellen kannst. Du gibst das Thema vor, erzählst aber zunächst nicht, sondern hörst zu und stellst offene Fragen. Erst wenn dein Geschwister den Eindruck hat, es habe das Thema genügend besprochen, erzählst du, was dir dazu in Sinn kommt. Dein Geschwister fragt jetzt offen nach und lässt dich zu Wort kommen.

Variante 2: Überlege dir, mit welchem Geschwister du gerne einmal über deine Eltern sprechen möchtest. Frage sie oder ihn, ob sie/er sich einmal Zeit für ein gemeinsames Gespräch über die Eltern nehmen würde. Interessante Einstiegsfragen für ein Gespräch könnten sein: »Wie läuft es gerade mit dir und Mama und Papa?«, »Was hat dich in der letzten Woche an ihnen genervt/enttäuscht/gefreut/überrascht?«, »Welches Geheimnis der Eltern würdest du gerne einmal lüften?«, »Was glaubst du, ist das Schlimmste/Frechste/Coolste/Lustigste, was Mama und Papa je gemacht haben?«, »Was würdest du gerne einmal mit Mama oder Papa machen?«, »Was wäre dir wichtig, ihnen einmal zu sagen, das du dich aber noch nicht getraut hast?«. Dies sind nur Vorschläge. Natürlich gibt es fast unendlich viele weitere Fragen, die für euch interessant sein könnten.

Variante 3 (zu dritt): Wenn du zwei oder mehr Geschwister hast, können auch zu dritt sehr interessante Gesprächskonstellationen entstehen. Ihr vereinbart ein Gespräch für ca. 45 Minuten. Reihum erzählt jede ca. 10 Minuten etwas über die Eltern. Die Rollen sind wieder klar verteilt. A erzählt, B hört zu und stellt gegebenenfalls Fragen, C hört nur zu. Das heißt, C muss sich zurückhalten, was bei den gewohnten Gesprächsmustern nicht immer leicht ist. Indem ihr den beiden Geschwistern beim Gespräch einfach nur zuhört, könnt ihr als C aber vielleicht Neues erfahren und Facetten kennenlernen, die im Alltag möglicherweise untergehen. Am Schluss, wenn alle drei alle Rollen durchgespielt haben, tauscht ihr euch über die jeweiligen Rollen aus.

9 GESPRÄCHE IN DER PARTNERSCHAFT

Was ist besonders an Gesprächen in der Partnerschaft?

Die Voraussetzungen dafür, innerhalb einer partnerschaftlichen Liebesbeziehung gute Gespräche zu führen, sind besondere. Ob eine Liebesbeziehung funktioniert, also für beide lebendig, erfüllend und befriedigend ist, hängt nicht nur von guten Gesprächen, sondern ebenfalls von vielen anderen Aspekten ab. Dazu zählen Sexualität, eine gewisse materielle Sicherheit, das Rollenverständnis und die diesbezügliche gegenseitige Akzeptanz sowie die Fähigkeit zu streiten und Missverständnisse oder Krisen auszuhalten. Auch Faktoren wie das Aufziehen der Kinder, Gewalt und Krankheiten sowie belastende Lebensereignisse haben einen Einfluss auf die Qualität und das Gelingen einer Partnerschaft. Die psychosoziale Einbettung, das heißt das soziale Netz beider Partnerinnen und Partner, ist ebenfalls wichtig.

Im Rahmen dieses Buches geht es »nur« um den Aspekt der Kommunikation. Aus meiner Sicht ist gerade diese Fähigkeit ein

Kernpunkt für das Gelingen einer dauerhaften Partnerschaft. Denn schaffen wir es, unsere Gedanken, Gefühle und Einstellungen mitzuteilen und ein gegenseitiges Grundverständnis für die Einzigartigkeit des anderen aufzubauen, dann wird die Partnerschaft stabiler, resilienter und weniger anfällig für Krisen und Infragestellungen. Gute Gespräche sind die beste Voraussetzung für Weiterentwicklung. So, wie persönliche Entwicklung nie aufhört, kann auch die Beziehungsentwicklung nicht stillstehen. Jede Partnerin und jeder Partner hat ein anderes Tempo seiner Entwicklung und einen anderen Rhythmus in Entwicklungsphasen. Wie soll eine Partnerschaft dauerhaft funktionieren, in der kein oder nur ein minimaler Austausch darüber möglich ist? Uns sollte bewusst sein, dass Partnerschaft und Kommunikation ein fortlaufender Prozess sind. Wir werden nie den optimalen Zustand erreichen, sondern uns immerzu wieder anpassen und einen stimmigen Abstand finden müssen.

Was bedeutet gegenseitiges Grundverständnis?

Oberflächlich betrachtet sind Ausgangspunkte für Streit, Unzufriedenheit, Ärger und Trauer in Partnerschaften Erwartungen an unseren Partner / unsere Partnerin, die nicht erfüllt werden. Schauen wir eine Ebene tiefer, liegt der Grund für Unzufriedenheit, Frustration und Enttäuschung meistens darin, dass unser Bedürfnis, gesehen und gehört zu werden, nicht beantwortet wird. Einfach gesagt: wir reden aneinander vorbei. Wenn wir hingegen mit unserer Art, die Welt zu erleben, gehört und gesehen werden, fühlen wir uns verstanden, obwohl wir die Andersartigkeit unseres Partners oder unserer Partnerin erkennen. Das »Grundverständnis«, das ich meine, ist also ein »Sich-verstanden-Fühlen«. Paradoxerweise gelingt dies umso mehr, je bewusster mir ist, dass der andere eben anders ist und ich ihn letztlich nicht verstehen und schon gar nicht verändern kann: Ich weiß nicht, wie mein Partner / meine Partnerin tickt. Oder noch allgemeiner als Grundeinstellung: Ich weiß, dass ich nichts weiß.

Es geht also beim guten Kommunizieren nicht darum, den anderen zu analysieren, »vom Kopf her« zu verstehen, sondern so zu kommunizieren, dass sich mein Gegenüber »verstanden fühlt«.

Das ist ein großer Unterschied und in Partnerschaften besonders schwierig. Denn wir nehmen in der Regel sehr viel wahr und ordnen Reaktionen blitzschnell in gewohnte Muster ein. Dies passiert umso schneller, je länger wir mit jemandem zusammen sind und meinen, ihn zu kennen.

Wie kann es in einer Partnerschaft gelingen, »sich verstanden zu fühlen«?

Einfach gesagt: offen sein, offene Fragen stellen und das Kunststück vollbringen, den anderen nicht zu kennen. Für gute Gespräche in der Partnerschaft ist es besonders wichtig, ein paar Vereinbarungen zu den Gesprächsbedingungen und zu der Art und Weise, wie wir kommunizieren, zu beachten.
Zu den Gesprächsbedingungen gehört:

- sich Zeit für Gespräche nehmen
- Abmachungen einhalten
- dafür sorgen, möglichst ungestört zu sein
- auf Redeanteile schauen
- sich Hilfe holen, wenn es zu zweit nicht geht.

Zu der Art und Weise gehört:

- wenn die Gefühle kochen, erst einmal beruhigen und deeskalieren
- nach einer Beruhigung Gefühle und Gedanken direkt und offen ansprechen
- von sich selbst sprechen (Ich-Botschaften)
- auf Beschuldigungen, Vorwürfe und Verallgemeinerungen verzichten
- ausreden lassen
- wirklich zuhören.

Solange in einer Beziehung Hoffnung besteht, ist das Bedürfnis nach einem befriedigenden Austausch und somit auch nach einer Verbesserung der Kommunikation in einer Partnerschaft fast immer vorhanden.

Die sechs Punkte Schlüsselworte, Resonanz, bildhafte Sprache, Würdigen, Zieloffenheit und Direktheit sind in einer Paarbeziehung alle gleichermaßen relevant. Die Zieloffenheit und das Würdigen sind in Partnerschaften zumindest nach der ersten Verliebtheitsphase die größere Herausforderung, besonders in Krisenzeiten. Wenn ich verletzt bin, fällt es mir schwer, wirklich offen zuzuhören und zieloffen ein Gespräch zu führen. Auch eine anerkennende Bemerkung zu machen, fällt nicht mehr so leicht wie ganz am Anfang einer Beziehung, wenn ich den Partner / die Partnerin durch die rosarote Brille der Verliebtheit sehe. In manchen Paarbeziehungen ist die Resonanz ein Problem, weil sie sehr stark ausgeprägt ist. Schon ein einziger Blick oder ein Tonfall können dann unvermittelt einen heftigen Streit auslösen. Meistens rücken die Inhalte von Gesprächen dann in den Hintergrund. Wer kennt diesen Moment nicht: »Was war noch mal der Ausgangspunkt unseres Streites?« – »Hm, fällt mir gerade nicht mehr ein.« – »Mir auch nicht.«

Die Direktheit kann je nach eigenen Kindheitserfahrungen und kulturellem Kontext der Familie, in der ich aufgewachsen bin, für manche Menschen ebenfalls Schwierigkeiten bereiten. Ich könnte Angst davor haben, abgelehnt zu werden, wenn ich direkt und klar sage, was in mir vor sich geht. Andererseits kann eine direkte und klare Aussage meines Partners zum Beispiel über das, was er fühlt, was ihn beschäftigt oder belastet, hilfreich sein und Orientierung bieten. Wichtig ist in einer solchen Situation, erst einmal zuzuhören und nicht sofort zu widersprechen, zu diskutieren oder von mir selbst zu erzählen. Direkte Kommunikation ist manchmal nötig, um Klärung herbeizuführen. Eine Klärung muss jedoch nicht bedeuten, dass beide Partner zu einer Meinung gelangen oder einen Konsens finden, sondern sie kann auch darin liegen, dass beide ihre Sicht und ihr Erleben darstellen können und in ihrem anderen Erleben gesehen, gehört und respektiert werden.

In Gesprächen Schlüsselworte des Partners aufzugreifen und nach Bildern in seiner Sprache zu fragen, kann sehr hilfreich dabei sein, in der Partnerschaft eine Kultur des Zuhörens zu entwickeln. Es vermag dabei zu helfen, aus gewohnten Mustern der Eskalation auszusteigen und an der Partnerin immer wieder »Neues« zu entdecken.

Auf einen weiteren bedeutsamen Aspekt für gelingende Gespräche in der Partnerschaft möchte ich noch hinweisen: Humor! »Humor ist, wenn man trotzdem lacht«, sagte jemand vor über hundert Jahren. Diese Redewendung umschreibt die Begabung, der Unzulänglichkeit der Welt und der Menschen, den alltäglichen Schwierigkeiten und Missgeschicken mit heiterer Gelassenheit zu begegnen. Dieser Aspekt innerer Haltung ist sehr günstig für gute Gespräche. Humor kann aber auch Spannungen abpuffern. Gelingt es durch eine humorvolle Bemerkung, etwas Distanz zum Thema zu schaffen, kann sich durch Lachen Spannung entladen. Und: Lachen soll sehr gesund sein. Humor ist vielschichtig und eine sensible Angelegenheit. Wird Humor falsch verstanden, kann sich mein Gegenüber nicht ernst genommen oder ausgelacht fühlen. Dabei spielen auch meine Einstellung zu Humor und meine Erfahrungen in der Kindheit eine große Rolle. Wenn ich beispielsweise in der Schule gemobbt wurde und ich mich häufig ausgelacht fühlte, werde ich sehr empfindsam auf eine lustig gemeinte Äußerung über mich reagieren. Meine Partnerin wird meine ganz individuelle Art, mit Humor umzugehen, mit der Zeit herausfinden oder auch einfach intuitiv erfassen.

Das Potenzial von Humor liegt nicht nur in der Spannungsabfuhr, sondern auch in der Mehrdeutigkeit. Schwierige Themen finden darin einen Platz. So können auch unerlaubte, unübliche oder tabuisierte Inhalte ausgedrückt werden. Eine andere Redewendung sagt: »Jeder Witz hat einen wahren Kern.« Spreche ich mein Gegenüber auf den »wahren Kern«, also das ernste Moment seiner humorvollen Aussage an, so kann er jederzeit sagen: »Das war doch nur ein Witz. Du verstehst keinen Spaß.« Dies eröffnet einerseits die Freiheit im Humor, ist allerdings gleichzeitig eine heikle Angelegenheit, weil sie zu Verletzungen führen kann. So ist auch Humor eine fein abgestimmte wechselseitige Interaktion, die, wenn dieser Balanceakt gelingt, eine angespannte Situation entspannen und in eine konstruktive Richtung lenken kann, wie das folgende Gesprächsbeispiel zeigt.

Alltagsbeispiel Partnerschaft

Martin und Annika sind seit über zwei Jahrzehnten ein Paar. Annika findet manchmal, dass Martin zu wenig sagt. Er teile zu wenig mit, was in ihm vorgehe. Sie »finde« ihn in solchen Situationen nicht. Sie fühle sich dann alleingelassen. Martin findet manchmal, dass Annika zu viel rede, ihn auch einmal in Ruhe lassen könne. Er sei sehr sensibel und fühle sich schnell kritisiert. Speziell am Morgen komme es zu solchen Interaktionen. Annika hat Martin nun gerade erzählt, was sie am Tag erledigen muss. Er schweigt und findet, dass sie ihn tadelnd anschaut.

ANNIKA Sag doch mal etwas!

MARTIN *(gereizt)* Was soll ich denn sagen?

ANNIKA *(etwas weniger gereizt)* Erzähl mir doch, was dich gerade beschäftigt.

MARTIN Du bist so fordernd. Ich fühl mich unter Druck gesetzt. Das blockiert mich total.

ANNIKA Wie hättest du mich denn gern?

MARTIN *(mit einem Lächeln)* Soll ich das wirklich sagen?

ANNIKA *(lächelt zurück)* Ja!

MARTIN Entspannt, freundlich, schön, lebendig, lustvoll, präsent ...

ANNIKA Mach mal weiter!

MARTIN Gut gelaunt, feinfühlig, achtsam, direkt, humorvoll, tolerant ...

ANNIKA Also so wie du?

MARTIN *(lacht)*

ANNIKA Ich schreibe das mal für uns auf und mache eine Liste. *(Beide lachen, sie holt etwas zu schreiben und macht tatsächlich eine Liste.)* Das ist eine beeindruckende Liste. So hätte ich dich auch gern.

Annika hängt die Liste an die Kühlschranktür. Im Laufe des Tages kommen sie am Kühlschrank vorbei und fügen der Liste weitere Eigenschaften hinzu.

Kommentar

In diesem Gesprächsbeispiel gelingt es dem Paar, aus gewohnten Eskalationsmustern auszusteigen. Die Ausgangssituation wäre gut geeignet, um die Frustration auf beiden Seiten weiter hochzuschaukeln. Beide würden am Schluss schweigen und genervt den Tag beginnen. Wie ist dieser Ausstieg gelungen? Annika fordert Martin auf, zu erzählen, was ihn beschäftigt. Dies könnte Michael freuen und motivieren, etwas mitzuteilen. Das tut es aber nicht. Er fühlt sich stattdessen in die Enge getrieben und unter Druck gesetzt. Er spricht sein Empfinden direkt an und kommt somit erst einmal ihrer Aufforderung nach. An dieser Stelle steht die Interaktion auf einem Scheitelpunkt. Es könnte in Richtung einer Eskalation kippen.

Annikas folgende Frage »Wie hättest du mich denn gern?« hat offenbar einen humorvollen Unterton, der es Martin ermöglicht, das »Spiel« mitzuspielen. Der Moment ist ein Türöffner auf eine humorvolle und kreative Ebene. Annika spielt, beeindruckt zu sein von Martins Variantenreichtum. Martin fühlt sich ermuntert und nennt immer mehr Eigenschaften. Schließlich führt es zu etwas Gemeinsamem, als Annika mit ironischem Unterton sagt: »Also so wie du?«

Ironie ist eine vielschichtige Angelegenheit und kann falsch verstanden werden. Martin könnte diese Äußerung so empfinden, als würde sich Annika über ihn lustig machen. Das tut er aber nicht. Er findet die rhetorische Frage geistreich und witzig. Partnerinteraktion ist hochkomplex und ein Zusammenspiel vieler unterschiedlicher Ebenen. Eine gute Kommunikation kommt nicht allein durch gute Fragen zustande, sondern ist davon abhängig, ob im Zusammenspiel von Sprache und Gefühlen ein wechselseitiger Austausch entsteht. Dabei spielen unwillkürliche, unbewusste Aspekte eine große Rolle, die laufend auf diesen Austausch Einfluss nehmen. Gefühle, Absichten und Haltung werden in der Regel vom Partner intuitiv registriert und lassen ihn unwillkürlich reagieren. So entsteht das komplexe und vielschichtige Wechselspiel.

Im Rückblick auf das Gesprächsbeispiel haben hier eine Kombination aus direktem Ansprechen von Gefühlen (Martin), offenem Fragen (Annika) und Humor (beide) zum Gelingen beigetragen.

Fazit Gespräche in der Partnerschaft

Die Voraussetzungen, innerhalb einer Partnerschaft gute Gespräche zu führen, sind vor allem deshalb nicht einfach, weil man meint, den anderen zu kennen, und sich gewohnte Muster etablieren. Es braucht ausgesprochenes Augenmerk auf Vereinbarungen, damit Gesprächsräume und Offenheit entstehen können. Direktheit und Humor haben einen besonderen

Stellenwert in der partnerschaftlichen Kommunikation. Gute Gespräche unter Partnerinnen und Partnern wollen geübt werden. Sie können dazu führen, dass ich mich »verstanden fühle«, und Partnerschaften stabil und resilient machen.

Praxis Gespräche in der Partnerschaft

Variante 1: Vereinbart eine Stunde für Gespräche. Achtet darauf, dass ihr ungestört seid. Hierzu zählt auch, elektronische Medien abzuschalten. Eine klare Rollenverteilung ist zunächst von Vorteil. A bekommt ein Gespräch, das heißt, sie/er erzählt. B stellt Fragen und hört zu. Nach 20 Minuten tauscht ihr euch über das Gespräch aus und wechselt dann die Rollen.

In diesem Austausch werden vorwiegend Punkte angesprochen, die ihr interessant, neu, überraschend, lustig oder einfach lebendig gefunden habt. Dieser Rahmen wirkt vielleicht zunächst etwas steif, bietet allerdings einige Vorteile. Es fällt auf diese Weise leichter, nicht in gewohnte Muster zu fallen, wirklich zuzuhören und nicht zu diskutieren. Offene Fragen zu stellen, kann so besser geübt werden. Das Problem sehr unterschiedlicher Redeanteile wird dadurch ebenfalls gelöst. Außerdem ist Reflexion über ein Gespräch so einfacher.

Worüber gesprochen wird, ist egal. Der einfachste Einstieg ist, eine offene Frage zu stellen: »Worüber möchtest du sprechen?« Wenn deinem Gegenüber nichts einfällt, warte einen Moment ab. Du kannst auch hinzufügen: »Möchtest du noch einen Moment nachdenken?« Wenn weiterhin nichts einfällt, kannst du konkret nach vermutlich positiven Themen fragen. Zum Beispiel: »Hast du letzte Woche etwas erlebt, das dir gefallen hat?«, »Hast du in letzter Zeit etwas Lustiges oder Überraschendes erlebt?«, »Wo wärest du jetzt gerne?«. Im Gesprächsverlauf hältst du eigene Erfahrungen und Themen zurück. Stattdessen frägst du weiter offen zu dem Erzählten nach. Versuche in deinen Fragen die Worte zu verwenden, die dein Gegenüber gebraucht hat.

Variante 2: Dich interessiert herauszufinden, was in deiner Partnerschaft passiert, wenn du unangekündigt kleine

Veränderungen in deiner Art zu kommunizieren vornimmst. Ein Stück Experimentierfreude ist hier von Vorteil. Vielleicht möchtest du positiv überraschen? Du kannst dir verschiedene Details vornehmen, am besten nicht zu viele, sondern nur ein Detail auf einmal. Hier einige Vorschläge:

- Achte darauf, nicht zu unterbrechen, sondern ausreden zu lassen.
- Wende dich körperlich zu und sei präsent.
- Statt zu widersprechen, wenn du eine andere Meinung hast, stell eine offene Frage wie »Kannst du mir mehr darüber sagen?« oder »Wie meinst du das?«.
- Achte auf die Rahmenbedingungen von Gesprächen. Haben beide Zeit? Wie ist der Ort/Raum? Gibt es Ablenkung durch andere Personen oder elektronische Medien? Falls du hier Verbesserungsmöglichkeiten bemerkst, ändere zunächst die Rahmenbedingungen.
- Wenn dich deine Partnerin oder dein Partner anspricht und du selbst im Stress bist, benenne das kurz mit dem Hinweis, du hättest dann und dann Zeit zuzuhören. Wichtig ist hierbei, das einzuhalten.

Hilfreich ist, dich nach einiger Zeit zu fragen, ob sich in der Art der Kommunikation etwas verändert hat. Fühlt es sich für dich anders an? Natürlich kannst du auch deine Partnerin oder deinen Partner nach einer Weile fragen, ob sie oder er Änderungen bemerkt hat.

Variante 3: Manchmal ist es günstig, Gespräche in der Partnerschaft im Beisein einer dritten Person zu führen. Gründe hierfür können eine Tendenz zur Eskalation, stark eingefahrene Muster oder Krisenzeiten sein. Vielleicht bist du auch einfach neugierig darauf, was anders ist, wenn jemand Drittes zuhört.

Vor Beginn müssen die Rollen geklärt werden, insbesondere die Rolle der zuhörenden Person. Es soll klar benannt werden, dass sie keine Beraterin, Therapeutin oder Richterin ist. Soll sie einfach nur zuhören? In diesem Fall wäre ihre Rolle die einer Zeugin.

Dem Paar eine Rückmeldung zu geben, kann schwierig werden. Erleichtern kann sich die zuhörende Person dies, wenn sie Parteinahme unterlässt und nur Rückmeldungen zu beiden Partnern gibt, die etwas beinhalten, was ihr selbst positiv aufgefallen ist. So könnte sie zum Beispiel ansprechen, wo eine offene Frage gestellt wurde und wo ausgeredet werden konnte. Die Rückmeldungen würden sich dann auf positive Aspekte der Kommunikation und nicht auf Inhalte beziehen.

Variante 4: Vereinbare mit deinem Partner oder deiner Partnerin eine Zeit für das Spiel *Wer gut fragt, gewinnt. Ein Spiel für bessere Gespräche durch gute Fragen und aktives Zuhören.* Zum Beispiel könnt ihr ohne Würfeln spielen und euch nur zu Begriffen etwas fragen, die euch Lust machen.

Interessanter ist es, das Spiel mit mehreren Personen zu spielen. Auch in einer Gruppe lernt man seinen Partner / seine Partnerin bei diesem Spiel von neuen Seiten kennen.

10 GESPRÄCHE UNTER FREUNDINNEN UND FREUNDEN

Warum ist es einfach, unter Freundinnen und Freunden gute Gespräche zu führen?

Die Rahmenbedingungen, unter Freundinnen und Freunden gute Gespräche zu führen, sind in der Regel die einfachsten von den in diesem Buch beschriebenen Kontexten. Dies liegt an der Rolle eines Freundes oder einer Freundin. Diese ist meistens geprägt von einer hohen Bereitschaft, Gespräche zu führen, sich mitzuteilen und zuzuhören. Dennoch laufen Gespräche mit Freunden manchmal schief. Kommunikationsmuster etablieren sich mit der Zeit, die in gewohnten Bahnen verlaufen und zuweilen nicht befriedigen. Es kommt auch vor, dass ein Ungleichgewicht besteht zwischen den Redeanteilen. Einer erzählt endlos, ohne aufzuhören, die andere hört überwiegend zu. Das Bedürfnis nach einem befriedigenden Austausch und somit auch nach einer Verbesserung unserer Kommunikation unter Freunden und Kolleginnen ist fast immer vorhanden. Wenn auch du dieses Bedürfnis hast, ist es zunächst wichtig, dieses Bedürfnis als dein eigenes direkt anzusprechen und nachzufragen, wie das für deine Freundin oder deinen Freund ist. Sobald von beiden Seiten eine Bereitschaft besteht, kannst du dir Gedanken über die Rahmenbedingungen machen. Mit welcher Person in deinem Freundeskreis möchtest du beginnen, gute Gespräche zu führen? Oder, wenn du bereits gute Gespräche führst, diese interessanter zu gestalten und neue Möglichkeiten zu entdecken? Möchtest du eine Zeit und einen Ort abmachen? Möchtest du unangekündigt ausprobieren, was kleine Änderungen in deiner Kommunikation bewirken? Möchtest du ein Feedback bekommen oder eins geben? Je nach deinem Interesse kannst du unter den unten aufgeführten Praxisvarianten auswählen. Neben dem unten beschriebenen Beispiel für ein gutes Gespräch unter Freundinnen gibt es in diesem Buch weitere Anregungen zu dieser Beziehungskonstellation. Falls du sie nachlesen möchtest: das Beispiel mit dem »Puzzleteil« in Kapitel »Schlüsselworte«, »sich in etwas reinreiten« in Kapitel »Bildhafte Sprache«, der »spirituelle Weg« in Kapitel »Zieloffenheit« und der »Traum vom Tod auf dem Hügel« in Kapitel »Resonanz«.

Alltagsbeispiel Gespräche unter Freundinnen und Freunden

Sabrina aus dem nahe gelegenen Dorf ruft ihre Freundin Christiane an und frägt, ob sie mal wieder zusammen Kaffee trinken wollen. Christiane lädt sie am nächsten Sonntagnachmittag ein.

CHRISTIANE Wie war heute dein Morgen?

SABRINA Ich habe ausnahmsweise lange geschlafen und gedacht: Heute bin ich mal richtig faul.

CHRISTIANE Wie war das?

SABRINA Sonst stehe ich auf, bringe gleich alles in Ordnung und überlege, was ich alles regeln muss.

CHRISTIANE Und wie ist das?

SABRINA Das ist mir wichtig, dass alles seine Ordnung hat. Dann geht es mir gut, mir geht es überhaupt zurzeit sehr gut, trotz meines Alters. Wenn ich so die anderen Frauen sehe, wie krumm die laufen, dann bin ich richtig gut drauf. *(Pause)*

CHRISTIANE *(lächelt)* Was fällt dir noch ein?

SABRINA Meinen Kindern geht es auch gut, ich sehe sie nur zu wenig und die Enkelkinder sind mir ganz fremd.

CHRISTIANE Wie ist das für dich?

SABRINA Das ist halt so, sie wohnen weit weg. *(Pause. Dann erzählt Sabrina eine Weile von einem Film über die Region, in der die Enkelkinder wohnen.)*

CHRISTIANE Wie war das Gespräch für dich?

SABRINA Es war ein tiefer gehendes Gespräch wie eben unter Freundinnen. Im Dorf kommt man nie in so ein Gespräch. Die reden immer nur übers Wetter und über sich selbst, das ist mir zu oberflächlich.

Kommentar

Jean Piaget hat in einem Buch Kaffeekränzchen so beschrieben: »Alle reden und keiner hört zu.« Was hat dazu geführt, dass Sabrina dieses Kaffeekränzchen anders erlebt hat, nämlich als eine bedeutsame Begegnung? Dazu können mehre Aspekte beigetragen haben: Als Erstes natürlich, dass Christiane das Gegenteil gemacht hat: Sie redet nicht von sich selbst, sondern hört zieloffen zu. Sie nimmt das am Telefon geäußerte Bedürfnis nach »Kaffeetrinken«, – vermutlich auch das Bedürfnis, etwas erzählen und teilen zu können, – auf. Sie stellt durchwegs offen Fragen und gibt keine Kommentare ab. Interessant ist die Einstiegsfrage. Christiane fragt nach einem ganz konkreten Detail des Alltages: »Wie war heute dein Morgen?« Das ist für Sabrina leicht zu beantworten. Christiane könnte nun zum Vergleich mit den »krumm laufenden« anderen alten Frauen oder zur Fremdheit der Enkelkinder irgendeinen Kommentar abgeben. Das tut sie jedoch nicht und statt zu bewerten, zu kommentieren oder von eigenen Erfahrungen zu berichten, hört sie einfach zugewandt zu. Das ermöglicht es Sabrina, zu ihr selbst wichtigen Themen zu kommen. In ihrer Schlussbemerkung zur Frage, wie das Gespräch gewesen sei, bestätigt sie das. Es sei ein »tiefer gehendes Gespräch« gewesen. Vermutlich führte dieses etwa halbstündige Gespräch bei Sabrina zu dem Gefühl, »gehört zu werden«.

Fazit Gespräche unter Freundinnen und Freunden

Die Rahmenbedingungen, unter Freundinnen und Freunden gute Gespräche zu führen, sind günstig, weil beide Seiten meistens das Bedürfnis haben, die Kommunikation zu verbessern. Außerdem sind Rollenkonflikte seltener als in anderen Beziehungskonstellationen. Die vielen Beispiele in den vorangegangenen Kapiteln zeigen, dass Gespräche unter

Freundinnen und Freunden existenzielle Lebensthemen berühren und sehr bereichernd sein können. Mit Freunden und Freundinnen lassen sich besonders variantenreich gute Gespräche üben und ich kann so meine Fertigkeiten zu kommunizieren generell weiterentwickeln.

Praxis Gespräche unter Freundinnen und Freunden

Variante 1: Such dir eine Person in deinem Freundeskreis, von der du dir vorstellen kannst, dass sie bereit ist, eure Kommunikation zu verbessern. Vereinbart eine Stunde explizit für Gespräche in ungestörtem Rahmen. Hierzu zählt auch, elektronische Medien abzuschalten.

Eine klare Rollenverteilung ist zunächst von Vorteil. A bekommt ein Gespräch, das heißt, sie/er erzählt. B stellt Fragen und hört zu. Nach 20 Minuten tauscht ihr euch über das Gespräch aus und wechselt dann die Rollen. Dieser Rahmen bietet einige Vorteile. Es fällt leichter, wirklich zuzuhören und nicht zu diskutieren. Offene Fragen zu stellen, kann so besser geübt werden. Das Problem sehr unterschiedlicher Redeanteile lässt sich so lösen. Reflexion über ein Gespräch ist ebenfalls leichter.

Worüber gesprochen wird, ist egal. Der einfachste Einstieg ist, eine offene Frage zu stellen. »Worüber möchtest du sprechen?« Wenn der Person nichts einfällt, warte einen Moment ab. Du kannst auch hinzufügen: »Möchtest du noch einen Moment nachdenken?« Wenn der Person nichts einfällt, kannst du konkret nach vermutlich positiven Themen fragen. Zum Beispiel: »Was hat dir letzte Woche gefallen?«, »Hast du in letzter Zeit etwas Lustiges oder Überraschendes erlebt?«, »Wo wärest du jetzt gerne?«. Im Gesprächsverlauf hältst du eigene Erfahrungen und Themen zurück. Stattdessen fragst du weiter offen zu dem Erzählten nach. Versuche in deinen Fragen die Worte zu verwenden, die dein Gegenüber gebraucht hat.

Variante 2: Dich interessiert herauszufinden, was passiert in einer Beziehung mit einer Freundin oder einem Freund, wenn du unangekündigt kleine Veränderungen in deiner Art zu kommunizieren vornimmst. Ein Stück Experimentierfreude ist hier von Vorteil. Du kannst dir verschiedene Details vornehmen, am besten nicht zu viele, sondern nur ein Detail auf einmal. Hier einige Vorschläge:

- Achte darauf, dein Gegenüber nicht zu unterbrechen, es ausreden zu lassen.
- Wende dich deinem Gegenüber körperlich zu und sei präsent bei ihm.
- Statt zu widersprechen, wenn du eine andere Meinung hast, stell eine offene Frage wie »Kannst du mir mehr darüber sagen?« oder »Wie meinst du das?«.
- Achte auf die Rahmenbedingungen von Gesprächen. Haben beide Zeit? Wie ist der Ort/Raum? Gibt es Ablenkung durch andere Personen oder elektronische Medien?
- Wenn dich eine Freundin oder ein Freund anspricht und du selbst im Stress bist, benenne das kurz mit dem Hinweis, du hättest dann und dann Zeit zuzuhören. Wichtig ist hierbei, das einzuhalten.

Hilfreich ist, dich nach einiger Zeit zu fragen, ob sich in der Art der Kommunikation zu diesem Menschen etwas verändert hat. Fühlt es sich anders an? Natürlich kannst du die Person auch nach einiger Zeit fragen, ob sie Änderungen bemerkt hat.

Variante 3: Gute Gespräche lassen sich auch zu dritt führen. Dabei sollte es zunächst eine klare Rollenverteilung geben. A bekommt ein Gespräch, das heißt, sie/er erzählt. B stellt Fragen und hört zu. C hört nur zu und gibt Rückmeldungen, wenn das Gespräch zu Ende ist oder wenn die anderen beiden explizit danach fragen.

Am einfachsten ist es, wenn du als Einstieg ein vermutlich positives Thema wählst. Zum Beispiel: »Möchtest du mir von einem schönen Urlaub erzählen?«, »Was hast du in der letzten Woche Schönes erlebt?«, »Wenn du alle Freiheit hättest, was würdest du machen?«.

Du kannst an Person C auch Aufgaben vergeben, wie zum Beispiel: »Was erfährst du Neues über A in diesem Gespräch?«, »Welche Fragen von B haben dir gefallen?«, »Welche Fragen sind dir beim Zuhören eingefallen?«.

Variante 4: Dich interessiert, ein Feedback zu bekommen. Überlege dir, von wem und zu welchem Thema du Rückmeldung erhalten möchtest. Sprich die Person darauf an und frage, ob sie bereit dazu ist. Dann könnt ihr einen Termin vereinbaren. So kann sich deine Freundin / dein Freund Gedanken dazu machen und sich vorbereiten, wenn sie dies möchte.

Wenn du das Feedback dann bekommst, achte darauf, nicht zu widersprechen oder zu diskutieren. Ergiebiger ist es, offen nachzufragen: »Kannst du noch mehr dazu sagen?«, »Wie meinst du das?«, »Fällt dir ein Beispiel dazu ein?«. Erst am Schluss solltest du eigene Gedanken dazu äußern.

Wenn dich etwas sehr überrascht, du widersprechen möchtest oder du das Gefühlt hast, das stimme überhaupt nicht, dann versuche den Widerspruch erst einmal zurückzuhalten. Du könntest sagen: »Ich werde darüber nachdenken« oder »Das muss ich einmal beobachten«. Zum Abschluss mach eine würdigende Bemerkung wie zum Beispiel: »Vielen Dank, dass du dir die Zeit genommen hast, dich auf das Gespräch eingelassen und mir wertvolle Hinweise gegeben hast.« Hier gibt es viele Varianten. Wichtig ist, dass die anerkennende Bemerkung echt ist und zu dir passt.

Variante 5: Lade ein paar Freundinnen und Freunde zu einem Spieleabend ein und spielt das Spiel *Wer gut fragt, gewinnt. Ein Spiel für bessere Gespräche durch gute Fragen und aktives Zuhören.* Es kann ab zwei Personen gespielt werden, ab vier Personen wird es allerdings abwechslungsreicher. Nehmt es nicht zu ernst. Humor ist ein sehr wichtiger Aspekt für gelingende Kommunikation. Schaut einfach mal, in welche Richtung sich das Spiel mit dieser Gruppe von Menschen entwickelt.

11 GESPRÄCHE UNTER JUGENDLICHEN

Dieses Kapitel entstand aus der Zusammenarbeit mit einer Jugendlichen, die sich sehr für Gesprächsführung interessiert und mittlerweile Psychologie studiert. Hier im Buch heißt sie Sandra. Sie hat Fragen, Ideen und Kommentare zur besonderen Situation von Jugendlichen und Gesprächsbeispiele aus ihrem Leben beigetragen. Dadurch hat dieses Kapitel zusätzliche Authentizität bekommen für die außergewöhnliche Phase der Adoleszenz, des Übergangs vom Kind zum Erwachsenen. Durch die Lektüre dieses Kapitels wird es dir leichter fallen, dich in die Welt von Jugendlichen hineinzuversetzen, probeweise ihre Perspektive einzunehmen und mit ihnen zu reden. Ich gehe davon aus, dass du ebenfalls von diesem Kapitel profitieren kannst, solltest du dich noch in dieser aufregenden und manchmal schwierigen Phase deines Lebens befinden.

Sandra stellt sich selbst und anderen gerne Fragen: »*Wodurch entstehen im Gespräch Auseinandersetzungen und weshalb Missverständnisse? Wann entsteht Verbundenheit? Wie entsteht bei mir das Gefühl, verstanden zu werden? Und wann fühlt sich mein Gegenüber verstanden?*«

Sie findet, Gespräche in Verbundenheit seien ehrlich, authentisch und wohlwollend. Beide Gesprächspartner würden sich gehört und geschätzt fühlen. Ein gutes Gespräch entstehe oft erst, wenn beide Personen aufmerksam bei der Sache sind, sich einander zuwenden und etwas zum Gespräch beitragen.

Was unterscheidet Gespräche unter Jugendlichen von denen mit den Eltern?

Der Übergang vom Kind zum jungen Erwachsenen ist geprägt von Infragestellung und Neuorientierung. Ich muss mich von meinen Eltern ablösen und nun meinen eigenen Weg finden. Die besonderen Merkmale der Jugendphase machen Gespräche unter Jugendlichen anders. Sie haben in diesem Kontext auch die Funktion, sich von den Alten abzugrenzen und Identität in der jugendlichen Gruppe zu stiften.

Weil die Jugend eine krisenhafte Zeit ist, Jugendliche manchmal labil und grundsätzlich auf der Suche sind, ist es wichtig, dass Jugendliche miteinander reden und sich untereinander verstehen. Dabei spielt die Art und Weise, Gespräche zu führen, eine entscheidende Rolle. Habe ich das Gefühl, mir wird wirklich zugehört? Kann ich ausreden? Zeigt mein Gegenüber auch etwas von sich selbst? Das Leben, sich selbst und die Werte der Familie und der Gesellschaft infrage zu stellen, bringt neben Verunsicherung und Krise auf der anderen Seite auch eine große Offenheit mit sich. Jugendliche lassen sich auf alles Mögliche und Unmögliche ein, wollen entdecken, ausprobieren und sich selbst finden. Dafür ein Beispiel:

> Sandra sitzt mit ihrem Vater im Restaurant und spricht mit ihm über die Bestellung.
>
> **SANDRA** Heute bestelle ich mir ein Bier.
>
> **VATER** Stimmt, das darfst du ja jetzt. Nimmst du ein Helles oder ein Dunkles?
>
> **SANDRA** Keine Ahnung. Ich habe einfach Lust auf ein Bier.
>
> **VATER** Aber du weißt, dass es da unterschiedliche Sorten gibt? Dunkles Bier zum Beispiel schmeckt eher so nach Karamell, also

irgendwie leicht süßlich. Es wird anders gebraut als das helle und hat deshalb einen anderen Geschmack. Allgemein unterscheiden sich Biere stark im Geschmack. Einige sind eher bitter, andere fruchtig, wieder andere malzig. Die Bitterstoffe lernst du dann mit dem Alter schätzen.

Wie wäre wohl das Gespräch verlaufen, wenn Sandra mit ihrer besten Freundin dort gesessen hätte? Die Freundin hätte vielleicht gesagt: *»Genau, Lust auf Bier habe ich auch. Also los jetzt.«* Und sie hätten zusammen einen lustigen Abend gehabt.

Bei der Betrachtung dieses kleinen Dialoges zwischen Vater und Tochter fällt eine Ungleichheit zwischen den Gesprächspartnern auf. Der Vater ist der Erfahrene, die Tochter die Unerfahrene. Dieses Gefälle entfällt bei Gesprächen unter Jugendlichen, denn alle machen ähnliche Erfahrungen, stecken in ähnlichen Situationen und sind mit ähnlichen Problemen konfrontiert. Für Sandra ist Bier zu trinken eine komplett neue Erfahrung. Ihr geht es vielleicht mehr darum zu erfahren, wie der Alkohol wirkt, als verschiedene Geschmäcker zu unterscheiden. Die vielen Erfahrungen mit unterschiedlichen Bieren verleiten den Vater dazu, einen »Vortrag zu halten« über Geschmacksvarianten von Biersorten. Das interessiert Sandra in dieser Situation gar nicht. Sie will hier und jetzt einfach Bier trinken, Punkt.

Ein weiteres Gesprächsbeispiel von Sandra mit ihren Eltern:

SANDRA Ich freue mich so auf den Day Rave am Sonntag. Das wird super!

MUTTER Als ich in deinem Alter war, habe ich am Sonntag mit der Familie Zeit verbracht.

SANDRA Ja, aber das war früher. Zeiten ändern sich. Heute finden viele coole Events auch am Sonntag statt und da muss man einfach dabei sein! Und überhaupt, ich bin auch nicht jeden Sonntag weg.

VATER Schon gut. Du bist noch zu jung, um den Wert einer Familie zu verstehen. Wenn du älter wirst, realisierst du, wie entspannend ein solcher Familiensonntag sein kann. Genieß die Party!

Auch hier zeigt sich ein Gefälle unter den Gesprächspartnern. Die Mutter vergleicht mit ihrer Jugendzeit, der Vater ist der Wissende und belehrt seine Tochter über die Werte von Familie. Wahrscheinlich wissen die Eltern nicht einmal, was ein »Day Rave« ist. Sandra geht hin, findet es super und wird darin bestätigt, dass ein Sonntag mit Freunden einfach cooler ist.

Dieses Beispiel zeigt eine Entwicklungsaufgabe von Jugendlichen auf: raus aus der Familie und rein in die Beziehung zu Gleichaltrigen.

Worüber reden Jugendliche miteinander?

Gleichaltrige machen vielleicht nicht identische Erfahrungen, doch sie sind ähnlich, oft neu und manchmal sogar »das erste Mal«. Das liefert viele mögliche Inhalte von Gesprächen unter Jugendlichen. Die Emotionen rund um diese ersten Erfahrungen gehen oft hoch, sie können miteinander geteilt werden und zu einer besonderen Verbundenheit führen. Sandra fragt: *»Wer erinnert sich nicht an das Telefongespräch mit dem besten Freund oder der besten Freundin, nachdem endlich dieser mysteriöse erste Kuss stattgefunden hat? Wird als Erwachsener immer noch nach jedem Kuss angerufen?«* Der erste Kuss sei fremdartig und aufregend, eine komplett neue Erfahrung. *»Reden Jungs eigentlich auch über den ersten Kuss oder nur die Mädchen? Prahlen Jungs damit und Mädchen tauschen sich aus?«*, fragt sie sich.

Die neuen Erfahrungen, ob Küsse, Sexualität, Drogen oder Ausgang, folgen rasch aufeinander, überschlagen sich gewissermaßen. Gedankengänge sind sprunghaft, Ansichten können sich täglich ändern. Das gibt viel Stoff für Gespräche und Spekulationen. Die Aufregung und Neugierde, endlich Dinge der »Erwachsen« auszuprobieren, sind willkommene Themen, um sich unter Gleichaltrigen auszutauschen. Sandra meint, dass Eltern beziehungsweise Erwachsene diese intensiven Gefühle von früher doch von sich selbst noch kennen müssten. Aber sie könnten sie anscheinend nicht aus dem Augenblick heraus im Hier und Jetzt teilen.

> »Als Jugendlicher muss ich erstmalig große Entscheidungen für mich selbst und mein zukünftiges Leben treffen. Das kann mich überfordern. Die Verantwortung, die plötzlich in meine eigenen

> Hände rutscht, kann mir zu viel sein. In jedem Fall habe ich viele Fragen, die ich lieber mit meinen Freunden teile. Deshalb fange ich an, mehr mit meinen Freunden zu sprechen als mit den Erwachsenen.«

Gespräche unter Jugendlichen sind also keineswegs banal, sondern sehr wichtig.

Wie kann ich zur Gruppe dazugehören?

Nahezu alle Menschen verhalten sich in Gruppen anders als in einer Zweiersituation. Durch die oben beschriebene Verunsicherung, Wechselhaftigkeit und Neuorientierung kommt Gruppenbildungen unter Jugendlichen eine besondere Bedeutung zu. Zu einer Gruppe kann ich dazugehören oder eben nicht. Als Jugendlicher bin ich offener, weniger zurückhaltend, direkter und schonungsloser. Dies betrifft auch Bemerkungen zu anderen, die ich vielleicht nicht in meiner Gruppe haben will. Falls ich selbst noch zu keiner Gruppe dazugehöre, sind solche Äußerungen sehr schwierig für mich. Denn ich will ja auch dazugehören. Wenn ich mich zugehörig fühle, kann ich mich mit den Gepflogenheiten und Werten dieser Gruppe identifizieren. Ich kann ausprobieren, wie es sich anfühlt, zu genau dieser Gruppe dazuzugehören. Dafür passe ich mich vielleicht an, manchmal so extrem, dass mich andere nicht mehr wiedererkennen. Der Gruppendruck kann sehr stark werden. Und doch schließe ich mich lieber einer Gruppe an, als alleine zu bleiben. Es gibt die coolen und die uncoolen Mitschülerinnen. Natürlich will ich zu den Coolen gehören und mit ihnen Zeit verbringen. Dafür bin ich auch bereit, einen hohen Preis zu zahlen. Ich verändere mein gesamtes Verhalten dafür. Im Grunde weiß ich ja selbst noch gar nicht, wer ich bin und wer ich sein möchte. Also mache ich mit und probiere es aus. Bei Gesprächen entsteht daher manchmal eine Hierarchie, bei der die Meinung der coolen Schüler ganz oben steht. Sie sind die Anführer. Auf diese Weise entsteht eine starke Gruppendynamik, die auch zu Mobbing führen kann. Nicht zur Gruppe gehörende Personen werden dann aktiv verbal angegriffen. Die Sprache wird zur Waffe. Da ich in der Schule kaum ausweichen kann, muss ich gegebenenfalls

Erniedrigungen über mich ergehen lassen. Beim Phänomen Mobbing wird deutlich, wie Personen, die in der Gruppenstruktur eher die Mitläufer sind, aufgrund des Gruppendruckes zu Aussagen und Handlungen verleitet werden, welche sie im Nachhinein oft bereuen.

Grundsätzlich ist es natürlich leichter, über andere zu reden als über sich selbst. Tratschen und Gerüchte sind nicht nur bei Jugendlichen hoch im Kurs. Dies führt zu Vorurteilen. Bei Gesprächen bin ich dann voreingenommen und interpretiere meine Beobachtungen auf der Grundlage meiner Ressentiments. So konstruiere ich meine Sicht auf die Welt und die anderen. Diese Sicht wiederum prägt mein Verhalten, wodurch ich mich mehr und mehr in eine *bubble*, eine »Meinungsblase« begebe – ich interpretiere das Verhalten der anderen nur noch innerhalb dieser »Blase«. Sandra erzählt dazu folgendes Erlebnis:

> »Mir kam einmal zu Ohren, dass ein gewisser Junge gerne mit mir zusammen sein möchte. Ich interpretierte daraufhin alle seine Handlungen als Liebesgeständnis und scheute Annäherungsversuche. Außerdem war er plötzlich immer in meiner Nähe und Gruppenarbeiten hatten wir oft zusammen. Er saß sogar neben mir. In den Gesprächen mit meinen Freundinnen drehte sich alles nur noch um ihn und wie er sich verhielt. Ich beobachtete ihn auf Schritt und Tritt. Als ich mich durchrang, ihn anzusprechen, stellte sich heraus, dass er null Interesse an mir hatte. Er musste nur neben mir sitzen, weil er im Unterricht mit seinem besten Freund zu viel geredet und damit den Unterricht gestört hatte.«

Dies ist ein sehr schönes Beispiel darüber, wie wir uns unsere Wirklichkeit selbst konstruieren. Gut, dass sich Sandra irgendwann durchgerungen hat nachzufragen. Offenes Nachfragen ist in der Tat das beste Gegenmittel zu Vorurteilen und Wirklichkeitskonstruktionen, die mit der Realität nichts mehr zu tun haben. In der Regel interpretieren wir rasch und unreflektiert. Offenes Nachfragen hilft auf einfache Weise, unsere Interpretationen zu überprüfen und über Bord zu werfen. Offenes Nachfragen ist deshalb das wichtigste Werkzeug für gelingende Gespräche.

Der Körper verändert sich, der Geist auch, die »Welt steht Kopf«

Mit der Pubertät werden die anderen auf eine neue Weise interessant. Zu wem fühle ich mich körperlich hingezogen? Wen finde ich attraktiv? Wer und was erregt mich? Über die neuen Entdeckungen des Körpers muss natürlich gesprochen werden:

> **JULIA** Etwas verstehe ich nicht. Wie funktioniert das mit dem Küssen? Da ist ja die Nase im Weg.
>
> **EMMA** Ich glaube, die Nase ist das kleinste Problem. Da findest du einen Weg drumherum. Ich finde die Vorstellung viel komischer, dass dabei Mundspeichel ausgetauscht wird.
>
> **JULIA** Iiiih, stimmt, daran habe ich noch gar nicht gedacht. Das ist widerlich. Ich habe auch in einem Film gesehen, dass Leute während des Küssens das Kaugummi tauschen. Wie eklig ist das denn?
>
> **EMMA** Haha, ich glaube, das ist irgendwann gar nicht mehr so »cringe«. Ich glaube, das passiert schneller, als du denkst.
>
> **JULIA** Mir wird das bestimmt nicht passieren.
>
> **EMMA** Ich wette darauf und freue mich schon auf den Moment, wenn du mit dem Kaugummi deines Freundes in den Unterricht kommst. Das wird lustig.

Die körperlichen Veränderungen in der Pubertät gehen mit einem Anstieg der Geschlechtshormone einher. Diese bringen einiges durcheinander, nicht nur im Körper, sondern auch in den Gefühlen und im Denken. Im Gehirn kommt es zu einem regelrechten Ab- und Umbau von Nervenzellen und deren Verbindungen. Man könnte meinen, »die Welt steht Kopf«. Insbesondere Regionen im Stirnlappen des Großhirns, die für Impulssteuerung zuständig sind, werden umgebaut. Deshalb sind Jugendliche impulsiv und wechselhaft. Die Gefühle fahren Achterbahn. Die Gemütslage kann vom einen auf den anderen Moment ins Gegenteil kippen. Das ist nicht nur für die Mitmenschen, sondern auch für einen selbst anstrengend. Möglicherweise gut gemeinte Aussagen der Eltern wie »Hör mal auf, schlechte Stimmung zu verbreiten« oder »Jetzt reiß dich zusammen« machen dann die Situation nicht unbedingt einfacher.

An dieser Stelle werden die Gleichaltrigen wieder enorm wichtig. Sie können mehr Verständnis aufbringen, weil sie ja auch auf der Achterbahn unterwegs sind. Bei ihnen kann man dann Frust abladen. Sandra berichtet dazu:

> »Wenn ich frustriert bin und mir dann einfach von einer Freundin zugehört wird, fühlt sich das gut an. Ich kann mich ein Stück weit beruhigen. Gespräche, die ich mit anderen Jugendlichen führe, sind auch deshalb verständnisvoller, weil wir in derselben Generation aufgewachsen sind und uns mit denselben Themen herumschlagen. Es fühlt sich vertrauter an, meine Unsicherheiten mit jemandem zu teilen, der gerade das Gleiche durchmacht. Ich komme teilweise sehr reizbar in die Schule und werde wütend oder traurig wegen Kleinigkeiten oder sogar wegen Garnichts. Meine Freunde müssen mich daher regelmäßig auffangen, aushalten und sich in Gesprächen anhören, wie unfair das Leben und die Eltern im Besonderen sind. Wenn ich darüber reden kann, wie bescheuert meine Eltern sind, dann hilft mir das, mich ein bisschen von ihnen abzulösen. Ich hinterfrage ihre Werte und teste Grenzen aus: Wie weit kann ich gehen?«

Das geht nicht ohne Streit, Auseinandersetzung und Frust. Und dieser Frust hilft, sich wieder einen nächsten Schritt von den Eltern zu lösen. Mit Rebellion gegen Regeln und Vorgaben kann man diesen Frust wenigstens ausleben und manchmal etwas beruhigen. Das ist nichts anderes als Ablösung und Selbstständigwerden! Sandra fragt sich selbst: *»Stimmen die jahrelang angehörten ›Lebensweisheiten‹ der Eltern eigentlich? Ist es nicht besser, eigene Erfahrungen und Fehltritte zu sammeln, anstatt die von meinen Eltern zu übernehmen?«*

Diese »Befreiung« aus lang bekannten Ansichten und Werten hat auch mit dem Phänomen zu tun, dass sich eine neue Generation finden, definieren und abgrenzen muss. Sonst gäbe es ja keine Generationenunterschiede.

Generationsunterschiede

Sandra erzählt:

> »Wenn ich meinen Eltern von ›TikTok‹ erzähle und wie lustig es ist, manche Videos nachzustellen, schütteln die nur den Kopf. Ich schüttle den Kopf, wenn sie sich stundenlang über das Wetter unterhalten können. Ich glaube, das Kopfschütteln ist hierbei nicht böse gemeint. Ich finde lustig, mit wie unterschiedlichen Dingen wir uns beschäftigen.«

Dies ist ein kleines Beispiel dafür, dass sich die Jungen mit anderen Inhalten beschäftigen müssen als die Alten. Wie sollten sie sich sonst ablösen und unterscheiden können? Eine weitere Möglichkeit, sich abgrenzen zu können, funktioniert nicht über den Inhalt, sondern die Art der Sprache: der Jugendslang.

Jugendslang – der neuste »Shit«

Sandra sagt dazu:

> »Mit Worten, die die Alten nicht ›checken‹, die nur wir Jungen verstehen, kann ich mich sowohl in meiner Gruppe gut und aufgehoben fühlen als auch mich gleichzeitig von der älteren Generation abgrenzen. Die meisten ›Ellies‹ sind ziemlich ›lost‹, wenn ihre Kinder mit dieser Sprache ankommen, und ›raffen‹ gar nichts. Bei uns Jugendlichen sind diese Wörter jedoch schon so etabliert, dass es manchmal schwer ist, ohne diese auszukommen. Es gibt einen regelrechten Sog, sie zu benutzen. Diese Wörter zu erklären, braucht viel zu viel Geduld. Es ist doch viel ›chilliger‹, mit seinen ›Bro's‹ zu ›tacken‹, als den Erwachsenen zu erklären, ›Was1life‹ gelebt wird, ›sheesh‹.«

Jugendslang ist eine Gruppensprache. Sie führt zu Resonanz in einer Gruppe und sie schafft Identität. Unabhängig davon, was inhaltlich ausgetauscht wird, mit Jugendslang fühle ich mich mit anderen Jugendlichen verbunden. Auf eine gewisse Art und Weise fühle ich mich zugehörig, allein nur dadurch, dass ich diese Worte verwende.

Wie können Gespräche unter Jugendlichen gut gelingen?

Dazu erst einmal ein Gesprächsbeispiel von Sandra, das Emma mit ihr geführt hat und das nicht so optimal gelungen ist:

> SANDRA Hei, hast du kurz eine Minute?
>
> EMMA Na klar. »Was geht«?
>
> SANDRA Irgendwie komm ich gerade nicht so klar mit allem. Ich habe das Gefühl, mein Leben wächst mir gerade über den Kopf. Es wird mir alles zu viel gerade.
>
> EMMA Das würde es mir auch, wenn ich so viel machen würde wie du. Du verbringst so viel Zeit mit deiner Familie, weil du sie nicht enttäuschen möchtest. In der Schule gibst du voll einen durch, weil du die Abschlussprüfungen bestehen willst. Und trotzdem möchtest du bei allen Aktivitäten mit uns dabei sein, weil du Angst hast, was zu verpassen. Das wäre mir auch zu viel! Du leidest echt unter »Fomo«. Überleg dir doch mal, was dir wirklich Spaß macht, und dann machst du nur noch das. Dann halbiert sich dein Programm ganz bestimmt. »Chill deine Base«. Deine Eltern werden dich nicht gleich zur Adoption freigeben, nur weil du mal einen Sonntag nicht mit ihnen verbringst. »Yolo«.

Nach diesem Gespräch geht es Sandra nicht gerade besser. Sie kommentiert dieses Gespräch wie folgt: *»Ich werde wütend. Ich bekomme durch Emmas Reaktion das Gefühl, dass sie gar nicht merkt, wie erdrückt ich mich gerade fühle. Emma hat doch kein Mitgefühl. Sie blättert einfach eine Analyse der Situation, einen Lösungsweg und ein paar aufheiternde Sprüche hin. Aber das macht mich nur noch niedergeschlagener.«*

Im Rückblick auf dieses Gespräch ergänzt Sandra:

> »Dieses Gespräch macht mir Folgendes bewusst: Wie schnell entstehen Missverständnisse, obwohl mir jemand eigentlich nur helfen will? Dass ich in diesem Moment einfach jemanden brauche, der mir zuhört und mitfühlt, war mir vor dem Gespräch gar nicht bewusst. Um Missverständnissen und Verletzungen vorzubeugen, finde ich es sehr hilfreich, mir meine Absichten und Bedürfnisse im Vorhinein bewusst zu machen. So kann ich vorbereitet in ein Gespräch gehen.«

Gesetzt den Fall, Sandra habe die Absicht, mit einer Freundin ein Gespräch zu führen, dann kann sie sich darauf vorbereiten und so zu einem guten Gespräch beitragen. Als Erstes kann sie sich selbst fragen: *»Was möchte ich von diesem Gespräch? Wie möchte ich behandelt werden? Brauche ich einen guten Rat, eine stille Schulter zum Ausweinen oder jemanden, der mich mit lustigen Sprüchen aufheitert?«* Wenn sie sich diese Fragen beantwortet hat, kann sie ihre Erkenntnisse ihrer Gesprächspartnerin zu Beginn mitteilen. Das erleichtert es dieser, sich auf Sandra und ihre Bedürfnisse einzustellen.

Es gibt weitere Möglichkeiten der Vorbereitung, die mit der inneren Haltung oder Einstellung zu tun haben, mit der Sandra in ein Gespräch geht. Zum einen kann es nützlich sein, sich vorzunehmen, ein gutes Gespräch zu führen, oder sich einfach an ein gutes Gespräch zu erinnern. Diese bewusste Absicht und die positive Erinnerung aktivieren Vorwissen und Vorerfahrung darüber, wie gute Gespräche geführt werden. Hilfreich mag auch sein, sich vor einem Gespräch Einstellungen bewusst zu machen. Sandra sagt sich zum Beispiel:

> »Alles, was ich bin, darf auch sein. Ich habe verschiedene Seiten, die dürfen alle Platz haben. Ich bin so, wie ich bin. Meine Sichtweise und meine Meinung sind genauso ›wertvoll‹ und ›richtig‹ wie die meines Gegenübers. Wirklichkeit ist konstruiert und unterschiedlich. Das, was mein Gegenüber sagt, ist für sie oder ihn richtig, und das, was ich sage, stimmt für mich.«

Wenn sich Sandra diese Einstellungen und unterschiedlichen Wahrnehmungen von Realität bewusst macht, ist schon ein wichtiger Grundbaustein für gegenseitiges Verständnis gesetzt. Diese verschiedenen Aspekte des »Eintunens« und des Sich-bewusst-Machens vor dem Gespräch verhelfen tatsächlich zu besseren Gesprächen auf Augenhöhe, obwohl bis zu diesem Zeitpunkt noch kein einziges Wort gesagt ist.

Wenn das Gespräch einmal begonnen hat, gibt es einige Punkte, die den Verlauf günstig beeinflussen können. Erst mal ist es wichtig, wirklich zuzuhören und beim Erzählenden zu bleiben. Das heißt, ich benutze nicht das nächste Stichwort, um selbst etwas zu erzählen, sondern höre weiter zu und stelle, wenn nötig, eine offene Frage. Durch dieses aktive »Raumgeben« der Zuhörenden kann Balance zwischen dem Zuhören und dem Erzählen entstehen. Beide Gesprächspartner können sich entfalten, die eine eben durch Zuhören, der andere durch Erzählen. Das macht gute Stimmung und unterstützt einen wohlwollenden Umgang miteinander. Sandra dazu:

> »Ich höre erst einmal zu, ohne zu unterbrechen, bis mein Gegenüber fertig ist. Wenn meine Gesprächspartnerin jemand ist, die grundsätzlich gerne und viel redet, dann braucht das Zeit. Irgendwann flacht der Redestrom ab. Es entstehen kleine Pausen, sie kommt etwas zur Ruhe. Jetzt kommt die Gelegenheit, mich als die bisher Zuhörende einzubringen.«

Gute Gespräche kommen zustande, wenn beide Gesprächspartner Raum bekommen. Das bedeutet nicht, dass beide immer gleich viel reden müssen. Auch das Zuhören ist eine Art, Raum zu bekommen. Allerdings sollte es mindestens über mehrere Gespräche hinweg eine Balance der Redeanteile geben. Wenn immer nur der eine redet und die andere zuhört, stimmt etwas nicht mit dem Raum, der Augenhöhe und der Balance. Hier helfen Pausen, die ich als Erzählender bewusst einlege oder als Zuhörende verlangen kann. Beide Seiten können dann zu einem Ausgleich beitragen. Die Zuhörende kann ganz direkt ansprechen, dass es ihr zu viel wird oder dass sie auch etwas sagen möchte. Gegebenenfalls muss sie dafür sogar das Gespräch unterbrechen. Auf der anderen Seite kann der Erzählende in einer Pause nachfragen, ob es noch okay ist oder ob sie nun etwas sagen möchte. Sandra, die sich selbst zu der Kategorie von Menschen zählt, die gerne und viel reden, sagt dazu:

> »Falls ich ununterbrochen spreche und allen Raum für mich beanspruche, darfst du mich durchaus unterbrechen und dein Bedürfnis kommunizieren. Denn manchmal realisiere ich in diesem Moment gar nicht, wie viel Raum ich beanspruche. Mir passiert das manchmal, dass ich rede wie ein Wasserfall. Dies könnte dich, bildlich gesprochen, unter Wasser drücken und dich deiner ganzen Energie berauben. So könnten sich in unserem

> Gespräch negative Emotionen aufschaukeln. Das würde den weiteren Verlauf beinträchtigen. Resultat: Das Gespräch ist einfach nur ›whack‹. Ein solcher Redefluss kann bei mir vorkommen, wenn ich gerade wirklich viel zu teilen habe oder auch aus Angst vor der Stille.«

Sandras Bekenntnis ermutigt, sich für ein ausgewogenes Verhältnis von Gesprächsanteilen aktiv einzusetzen. Sie berichtet in diesem Zusammenhang von einem Erlebnis:

> »Einmal habe ich erst im Nachhinein realisiert, dass ich über ganze zwei Stunden einen Monolog geführt habe. Ich schrieb anschließend meiner Freundin eine Nachricht. Darin bedankte ich mich bei ihr, dass sie so geduldig zugehört hatte, und signalisierte ihr gleichzeitig, dass ich mir des Ungleichgewichts bewusst sei. Sie musste lachen und meinte, sie habe irgendwann einfach nicht mehr wirklich zugehört. Was zu einem Spaß zwischen uns zwei wurde. Das Beispiel zeigt, dass zu langes ›Raumeinnehmen‹ irgendwann anstrengend für das Gegenüber wird. Aus einem Gespräch wird ein Vortrag. Und ehrlich, wenn du nicht gerade eine coole Power-Point-Präsentation mit Bildern in der Tasche hast, sind Vorträge einfach nicht mitreißend.«

Sandras Beitrag wirft eine weitere Frage zu Gesprächen auf: Wie gehe ich mit Stille um? Stille bietet in Gesprächen ein großes Potenzial. Ich kann innehalten, meinen Gedanken nachgehen, mich besinnen – auf meine Situation, auf meine Gefühle oder auf weitere Bilder, die mir zum bisher Gesagten in den Sinn kommen. Sandra berichtet dazu:

> »Ich versuche Momente der Stille oft zu umgehen, da ich die Spannung, die ich in der Stille empfinden könnte, vermeiden will. Diese Spannung hat mehrere Gesichter. Ein Gesicht ist die Angst, ich könnte einen ›wunden Punkt‹ treffen. ›Wunde Punkte‹ möchte ich lieber geheim halten. Denn dafür könnte ich mich schämen.«

Sandra überlegt dazu, was ihr helfen könne, die der Angst zugrunde liegende Scham zu mildern: sich selbst bewusst machen, dass man sich eigentlich für nichts schämen müsse. Denn jeder Mensch sei unterschiedlich und das solle auch so bleiben.

Für den Lernprozess ist es hilfreich, sich nach einem Gespräch einen Moment Zeit zu nehmen und darüber nachzudenken. Sandra:

> »Ich kann mich fragen, was das Gespräch bei mir selbst ausgelöst hat. Das hilft mir, Gefühle überhaupt erst einmal wahrzunehmen und gegebenenfalls auch loszulassen. Durch das Loslassen staut sich nicht so viel an und die Emotionen werden nicht so stark in weitere Gespräche mitgenommen.«

Es kann sich auch lohnen, mit der Gesprächspartnerin im Anschluss über das Gespräch zu reflektieren und sich auszutauschen: War das Gespräch im Gleichgewicht? Konnten es beide aktiv mitgestalten? Bin ich zu Wort gekommen? Was waren für mich bedeutsame Momente? Was hat gefehlt? Was hat mich gestört? So kann eine Gesprächskultur mit diesem Gegenüber aufgebaut werden. Es entsteht eine Basis, auf der immer einfacher gute Gespräche entstehen.

Wie können Streitgespräche konstruktiv verlaufen?

Bei Gesprächen in Konfliktsituationen ist das Wichtigste, direkt, ehrlich und in Ich-Botschaften zu kommunizieren. Wir haben schon festgestellt, dass wir uns unsere Wirklichkeit selbst konstruieren und die Welt durch unsere Brille sehen. Deshalb ist es besonders in Streitsituationen hilfreich, dies zu betonen: »Ich habe das so erlebt ...«, »Mich hat gestört, dass ...«, »Aus meiner Sicht war das ...«. In Konflikten streiten wir oft darüber, wer recht hat. Aber das ist unnötig. Es mag Aussagen geben, die in der Tat nicht stimmen, aber darüber zu debattieren, wer recht hat, führt oft zu mehr Spannung und in eine Sackgasse. Das heißt nicht, dass man aufhören sollte, hart und offen zu diskutieren. Wenn ich allerdings in Du-Botschaften spreche, wird schnell aus einer intensiven Diskussion ein persönlicher Streit. Dann fühlt sich mein Gegenüber persönlich angegriffen und versucht sich zu verteidigen. Wenn ich Kritik hingegen in Ich-Botschaften anbringe, schwächt sich der Verteidigungsmechanismus bei meinem Gegenüber etwas ab. Wir können zusammen nach einer Lösung suchen. Ich kann auch mal eigene Makel oder

Fehltritte mitteilen, damit mein Gegenüber realisiert, dass es uns beiden ähnlich geht und es menschlich ist, Fehler zu machen. Dies schafft zusätzlich Verbundenheit und Akzeptanz.

Wenn die Emotionen allerdings in einer Streitsituation schon zu stark hochgekocht sind, nützen in diesem Moment Gespräche nichts. Der Streit würde nur weiter eskalieren. Deshalb ist es dann besser, das Thema zu verschieben und abzuwarten, bis sich die Gemüter beruhigt haben.

Konstruktive Streitgespräche führen zu tieferem gegenseitigem Kennenlernen, zu stabilerer Freundschaft und zu besseren Beziehungen. Sandra berichtet dazu:

> »Meine Jugend ist geprägt von vielen Auseinandersetzungen, welche als Mücke angefangen haben und als Elefanten endeten. Und dies nur, weil niemand sich getraut, Probleme direkt anzusprechen. Es wird interpretiert, viel angenommen und Gerüchte werden zusammengepuzzelt, bis sich ein Bild ergibt. Dieses Bild ist dann oft der Grund, warum Streit entsteht. Und wenn es dann endlich zu einem Gespräch kommt, realisieren meistens beide ›Fronten‹, dass alles nur ein großes Missverständnis war und sich lediglich Kleinigkeiten aufsummiert hatten. Der ganze Stress hätte verhindert werden können, wenn im Moment selbst etwas gesagt worden wäre, wenn ein Austausch stattgefunden hätte.«

Wer hat die Verantwortung?

Offene Fragen zu stellen, ist die beste Methode, um gute Gespräche zu führen und die Verantwortung beim Gesprächspartner zu belassen. Warum? Erstens, weil Fragen Interesse zeigen. Zweitens, weil Fragen meinem Gegenüber ermöglichen, sich zu öffnen und etwas über sich selbst zu erfahren sowie Verantwortung für sein eigenes Verhalten zu übernehmen. Drittens, weil Fragen zu Annäherung führen. Im besten Fall kann ich mein Gegenüber ein Stück weit verstehen. Dann sind sein Verhalten, seine Beweggründe und seine Gefühle etwas besser nachvollziehbar. Durch eine einfache offene Frage realisiere ich, dass eine abweisende Art möglicherweise gar nichts mit mir oder meiner Gesprächspartnerin zu tun hat, sondern mit ihren Lebensumständen und Erfahrungen. Und schon wird das Gespräch in eine neue Richtung gehen.

Fragen helfen mir auch, nicht in die Falle zu tappen, den anderen beschützen zu wollen. Sandra erzählt dazu ein Beispiel:

> »Ein Freund von mir hat oft komische Ideen, die er jeweils unbedingt durchsetzen möchte. Das kommt nicht gut an. Es ist schon öfters schiefgegangen. Ich würde dieser Person gerne helfen, nicht wieder eine schlechte Erfahrung zu machen. An diesem Punkt muss ich mir aber erst einmal klarmachen, dass ein Mensch von außen nicht geändert werden kann. Veränderung kommt aus dem Inneren des Menschen. Input von außen kann zur eigenen Reflexion verhelfen, aber ohne Selbsterkenntnis keine Änderung.«

In diesem Beispiel will der Freund von Sandra seine Idee durchsetzen, egal was kommt. Je mehr Sandra versuchen würde, den Freund davon abzuhalten, desto entschlossener würde er seine Pläne durchziehen. Die Haltung, meinem Gesprächspartner die Verantwortung zu übergeben, kann ich mit offenen Fragen fördern. Andersherum ausgedrückt kommen Fragen bei meinem Gegenüber nur wirklich offen an, wenn ich sie mit dieser inneren Haltung, dass die Verantwortung bei ihm ist, stelle. Mit offenen, raumbietenden Fragen wird mein Gegenüber zum Denken angeregt. Er kann seine Überlegungen mit mir teilen und dabei die eigenen Gedanken nochmals durchgehen. Genau dort liegt der Moment der Veränderung. Falls ich zusätzlich gerne meine Erfahrungen zum besagten Thema teilen möchte, kann ich das ja immer noch machen. Dabei sollte ich beachten, dass ich meine Erfahrungen oder Tipps in der Ich-Perspektive formuliere. So bekommt mein Gegenüber nicht den Eindruck, dass ich sie belehren möchte. Ich kann auch fragen, wie meine Gesprächspartnerin gerne behandelt werden möchte und ob sie meine Meinung überhaupt hören will. Sandra kommentiert:

> »Jeder Mensch muss mit den Konsequenzen seines Handelns leben. Auch wenn es manchmal schwerfällt, im Moment einen Menschen nicht beschützen zu können, ist es wichtig, ihm zu signalisieren, dass ich ihm vertraue.«

Dies ist ein guter Ausgangspunkt für Selbstentwicklung und Verwirklichung.

Fazit Gespräche unter Jugendlichen

Gespräche unter Jugendlichen sind anders, weil das Leben in dieser Lebensphase in Aufruhr ist, Gewohntes infrage gestellt wird, sich alles schnell verändert und Hormone aktiv werden. Gespräche unter Jugendlichen können intensiv sein und mit einem starken Resonanzerleben einhergehen. Die Beziehungen zu den Gleichaltrigen werden immer wichtiger. Mit ihnen teile ich meine Erfahrungen – nicht mit den Alten. Es geht um die Ablösung von Eltern und Familie hin zu einem selbstbestimmten Leben. Das alles verunsichert und bestimmt die Inhalte von Gesprächen unter Jugendlichen.

Andererseits helfen Gespräche unter Jugendlichen, diese Entwicklungsschritte auch konkret zu vollziehen. Der Jugendslang unterstützt dabei, mich mit einer Gruppe zu identifizieren, Zusammengehörigkeit zu erleben und mich von der älteren Generation abzugrenzen. Es ist günstig, sich nicht zu sehr mit den anderen zu vergleichen. Denn jeder »dealt mit seinem eigenen Shit«.

Praxis Gespräche unter Jugendlichen

Variante 1: Such dir eine Jugendliche oder einen Jugendlichen und nimm dir 20 Minuten Zeit. Jeder von euch bekommt 5 Minuten, um über irgendein Thema zu sprechen. Der andere darf nur zuhören und während dieser 5 Minuten nichts sagen. Tauscht euch jeweils nach diesen 5 Minuten kurz darüber aus, wie ihr das Erzählen und das Zuhören erlebt habt.

Variante 2: Suche dir eine Jugendliche oder einen Jugendlichen und nimm dir 20 Minuten Zeit. Frage dein Gegenüber: »Was wolltest du mir schon immer einmal erzählen, hast dich aber nicht getraut?« Wenn dein Gegenüber auf diese Frage eingeht, hörst du nur zu. Lass dich nicht dazu verleiten, etwas zu beurteilen, bewerten, korrigieren oder zu widersprechen. Am Schluss bedankst du dich für die Offenheit. Danach tauscht ihr die Rollen. Wenn deinem Gegenüber nichts dazu einfällt oder er darüber nicht sprechen möchte, akzeptierst du das ohne Diskussion.

Variante 3: Suche dir eine Jugendliche oder einen Jugendlichen und nimm dir 20 Minuten Zeit. Stell deinem Gegenüber eine sogenannte belanglose Frage. Hier drei Beispiele: »Wie bist du heute Morgen aufgestanden?«, »Was hast du heute erlebt?«, »Kannst du mir mal einen Baum beschreiben?«. Nun hörst du dem Gesprochenen wie Musik zu. Das geht leichter, wenn du die Augen schließt. Wenn dein Gegenüber aufhört zu sprechen, stelle eine einfache, kurze und konkrete Frage zu einem Wort, das bei dir angeklungen ist, das du besonders herausgehört hast. Wechselt nach 5 Minuten die Rollen. Tauscht euch jeweils kurz darüber aus, wie das Gespräch für dich als Befragten und als Fragenden gewesen ist.

Variante 4: Von Vorteil ist, wenn du diese Übung zu dritt machst. Der oder die Dritte im Bunde bekommt die Aufgabe, in der oben beschriebenen Art zuzuhören und sich nur die Schlüsselworte zu merken oder zu notieren. Nach dem Gespräch benennt er die Schlüsselworte. Es ist einfacher, diese zu hören, wenn du nicht selbst fragen musst. Wenn alle drei Lust dazu haben, wechselt die Rollen jeweils nach 5 Minuten.

Variante 5: Suche dir eine Jugendliche oder einen Jugendlichen und nimm dir 20 Minuten Zeit. Überlegt euch beide zunächst jeder für sich allein, was ihr euch gerade wünscht. Wie möchtet ihr behandelt werden? Wie geht ihr mit euch selbst um? Tauscht euch darüber aus, auf welche Antworten, Gedanken und Gefühle ihr gekommen seid.

Variante 6: Spielt das Spiel *Wer gut fragt, gewinnt. Ein Spiel für bessere Gespräche durch gute Fragen und aktives Zuhören.* Es kann ab zwei Personen gespielt werden, ab vier Personen wird es allerdings abwechslungsreicher. Eine kreative und humorvolle Variante des Spiels ist, von eigenen lustigen, überraschenden, peinlichen oder einfach interessanten Alltagssituationen zu erzählen. Dazu fragen dann die anderen Mitspielerinnen nach und ihr könnt euch die Frage auswählen, auf die ihr am liebsten antworten möchtet.

12 GESPRÄCHE UNTER BERUFSKOLLEGEN UND -KOLLEGINNEN

Was ist besonders an Gesprächen mit Kollegen und Kolleginnen?

Das Besondere an Gesprächen im beruflichen Kontext sind die Rollen, die uns zugeteilt werden. Außerdem hat die Gesprächskultur am Arbeitsplatz einen großen Einfluss, die wiederum durch viele Faktoren bestimmt wird. Der Beruf an sich bringt bereits eine Auswahl von Menschen zueinander, durch die natürlich die Inhalte und die Art der Kommunikation beeinflusst werden. Die Reinigungskraft unterhält sich anders als der Bauarbeiter, die Bäckerin, der Elektroinstallateur, die Personalchefin, der Arzt, die Psychotherapeutin, die Beauftragte für interne Kommunikation, der Leiter des technischen Dienstes oder der Bänker, um nur einige willkürliche Beispiele zu nennen. Hier in diesem Kapitel soll es darum gehen, wie ich mit meinen Arbeitskolleginnen gute Gespräche führen kann, wie in diesem Rahmen Kommunikation gelingt. Auf die spezifische Kommunikation zwischen Professionellem und Klientin, wie zum

Beispiel im Verhältnis von Arzt zu Patient, Verkäuferin zu Käufer oder Handwerkerin zu Kunde, wird hier nicht eingegangen.

Gute Gespräche am Arbeitsplatz tragen zu einer konstruktiven und befriedigenden Arbeitsatmosphäre und Betriebskultur bei. Beides wirkt sich direkt und indirekt auf die Produktivität eines Betriebes, einer Institution oder einer Firma aus. Eine Chefin oder eine Geschäftsleitung tut also gut daran, eine gute Gesprächskultur zu fördern. Dies kann man im formalen Rahmen durch Mitarbeitergespräche, Team- oder Projektsitzungen gezielt fördern und in informellen Gesprächen »zwischen Tür und Angel« ganz allgemein nicht nur tolerieren, sondern gutheißen und unterstützen. Besonders der informelle Austausch hat einen sehr großen Einfluss auf das Befinden der Mitarbeiter, ihre Identifikation mit dem Betrieb und ihre Belastbarkeit. Der Affenforscher Frans de Waal hat einmal die informellen Gespräche in Menschengruppen mit dem Vorgang des Lausens bei den Affen verglichen. Das Lausen ist ein körperlicher und emotionaler Austausch, fördert Bindung und hält die Gruppe zusammen. Gleiches gelte bei den Menschen für das »Tratschen«, die Pausengespräche, den informellen Austausch und die scheinbar nebensächlichen Gespräche, meint er.

Es ist von großem Wert, mir zunächst bewusst zu machen, was für eine Art von Gespräch ich gerade führe oder führen möchte und in welchem Verhältnis die Gesprächspartnerin zu mir steht:

- Ist es ein Gespräch mit einem Teamkollegen, einer Vorgesetzten oder einem mir unterstellten Mitarbeiter?
- Geht es um die Klärung eines Streites oder eines Missverständnisses oder um die Lösung eines Problems?
- Wird es ein formales Mitarbeitergespräch sein?
- Wollen wir in einer Projektsitzung kreativ werden und auf neue Ideen kommen?
- Ist es ein informelles Gespräch in der Frühstückspause?

Es ist darüber hinaus hilfreich, mir bewusst zu machen, was in diesem Moment mein Anliegen und Bedürfnis ist:

- Möchte ich einen Konflikt klären?

- Möchte ich meine Arbeitssituation verbessern?
- Möchte ich einfach etwas loswerden?
- Brauche ich jemanden, mit dem ich etwas sehr Persönliches teilen möchte?
- Geht es einfach um emotionalen Austausch (wie das Lausen)?

Das Besondere an Gesprächen im Arbeitskontext ist auch, dass ich irgendwo zwischen Beruf und Arbeit eine Grenze ziehen möchte. Je nach Arbeitssituation, Gepflogenheiten und persönlichen Vorerfahrungen wird diese Grenze ganz unterschiedlich gesetzt. Es ist auch nicht ganz einfach, wenn gerade ein vertrautes Gespräch in Gang kommt, zu merken, wo ich eine Grenze angemessen ziehen will und kann.

> **Alltagsbeispiel Pausengespräch zweier Teamleiterinnen in einer sozialen Institution**
>
> Zwei Teamleiterinnen in einer sozialen Institution sitzen in einer Kaffeepause zusammen. Beide sind schon sehr lange an der Institution tätig.
>
> JULIA Erinnerst du dich an deinen ersten Arbeitstag?
>
> SIBYLLE Ja, ich war sehr aufgeregt. Es war toll, in das damalige Team zu kommen. Ich habe viel von den Teamleiterinnen gelernt. Das ist jetzt über 15 Jahre her.
>
> JULIA Was hast du damals gelernt?
>
> SIBYLLE Eine strukturierte Teamsitzung gibt Sicherheit. Sich auf das Fachliche konzentrieren verbindet und motiviert. Und wenn die Wellen mal hochgehen, einfach ruhig bleiben. Davon habe ich später, als ich selbst Teamleiterin wurde, sehr profitiert.

Kommentar

Die beiden Teamkolleginnen scheinen sich vertraut zu ein und blicken auf eine lange gemeinsame Anstellung zurück. Julia fragt ihre Kollegin, ob sie sich an ihren ersten Arbeitstag erinnert. Was sie zu dieser Frage motiviert, wissen wir nicht. Die Frage lädt ein, sich an einen bedeutsamen Tag im Arbeitsleben zu erinnern und davon zu erzählen. Sibylle teilt daraufhin mit, dass sie damals viel gelernt habe. Sie kann also an die Frage mit einem positiven Erlebnis anknüpfen. Mit der offenen Frage »Was hast du damals gelernt?« zeigt Julia echtes Interesse am Erleben von Sibylle. Julia knüpft dann mit ihrer Frage genau dort an, wo Sibylle gerade in ihrer Erinnerung ist. In ihrer Antwort kann diese für sich selbst wertvolle Grundsätze für ihre Arbeit als Teamleiterin formulieren. Möglicherweise ermöglicht ihr diese Frage sogar, diese Grundsätze erstmalig explizit auszusprechen. Dieses Beispiel verdeutlicht hervorragend die Bedeutung von Pausengesprächen. Sie sind identitätsstiftend und motivieren zu gutem Arbeiten. Das in einem offiziellen Mitarbeitergespräch so hinzubekommen, ist schwieriger, da die Rollen in einem hierarchischen Verhältnis verteilt sind.

Alltagsbeispiel Meinungsverschiedenheit zweier Architektenkollegen

Zwei Architekten, Andreas und Mario, die gemeinsam als kollegiales Team ein Projekt einer größeren Überbauung leiten, haben in einem Detail unterschiedliche Vorstellungen über die Gestaltung einer Außenfassade. Sie hatten sich geeinigt, die Holzfassade im oberen Bereich unbehandelt zu belassen. Andreas hat über Nacht nachgedacht und findet es nun doch keine gute Idee. Er überlegt, ob er das Thema überhaupt noch einmal ansprechen soll, ringt sich aber dazu durch.

ANDREAS Hallo Mario, mir sind Zweifel gekommen, ob es gut ist, das Holz der Lukarnen unbehandelt zu lassen. Vielleicht wäre es besser, sie dunkel zu streichen.

MARIO Woher kommen die Zweifel?

ANDREAS Je länger ich mir die Pläne anschaue und mir die ästhetische Wirkung vorstelle, desto mehr sehe ich die Lukarnen als Teil des Daches, weil die Traufe unterhalb der Lukarnen liegt. Das Dach wird mit der Photovoltaikanlage sehr dunkel in Erscheinung treten. Je mehr die Farbe der Lukarnen der Farbe der Dachfläche gleicht, desto weniger werden sie sich abzeichnen.

MARIO Ich habe mir die Lukarnen bisher immer in Holz unbehandelt vorgestellt und muss mir das nochmals überlegen. Wir sollten es in beiden Varianten visualisieren und mit der Bauherrschaft besprechen. Diese kann dann entscheiden.

ANDREAS Gut, ich mache mal die Visualisierungen und dann können wir das Thema nochmals besprechen.

Kommentar

Dieses Gesprächsbeispiel zeigt auf, wie eine fachliche Meinungsverschiedenheit durch eine offene Kommunikation geklärt werden kann. Eigentlich hatten sich die Kollegen schon auf eine Lösung geeinigt. Erst später merkt Andreas, dass er das keine gute Lösung findet. Er könnte nun denken, dass sie doch bereits so entschieden hätten und man sich an Entscheidungen halten sollte. Ein gestalterisch gutes Projekt abzuliefern, scheint ihm jedoch wichtiger zu sein als das Prinzip, sich an einmal getroffene Entscheidungen zu halten. Diese Ausgangslage könnte rasch zu einem Konflikt führen. Andreas fasst sich ein Herz und spricht seine »Zweifel« direkt und offen an. Ein entscheidender Punkt für den gelingenden Dialog liegt darin, dass Mario als Erstes eine offene Frage stellt. Geschickt ist, dass er das Schlüsselwort »Zweifel« aufgreift und offen dazu nachfrägt: »Woher kommen die Zweifel?« Er signalisiert damit Interesse und Offenheit. Andreas muss sich so nicht verteidigen, sondern kann nun seine Vorstellungen und Überlegungen frei darstellen. Mario erklärt daraufhin sachlich, wie er sich selbst die Gestaltung der Fassade bisher vorgestellt hat. Er verzichtet auf Bewertungen, welche Variante besser wäre. Außerdem besteht er nicht auf der bereits getroffenen Entscheidung. An diesem Beispiel lässt sich gut aufzeigen, dass manchmal die Dinge, die wir weglassen, unsere Kommunikation verbessern. Vorwürfe oder nur ein vorwurfsvoller Tonfall und Bewertungen lenken vom Inhalt ab, um den es in dieser Kommunikationssituation gehen sollte. Ein weiteres Moment trägt dazu bei, dass dieser Dialog eben nicht in eine negative, sondern eine konstruktive Richtung läuft: Mario ist sich seiner Rolle als einer des Architekten-Duos bewusst und schlägt vor, die Entscheidung über den strittigen Punkt von der Bauherrschaft fällen zu lassen. Dieser Vorschlag trägt dazu bei, dass dieser Dialog nicht zu einem Disput, zu einem Streitgespräch wird, sondern sachlich und konstruktiv bleibt. Generell trägt Rollenbewusstheit zu konstruktiver Kommunikation bei, weil ich weiß, wo meine Grenzen und meine Verantwortungsbereiche liegen. Mir meiner Rolle bewusst zu sein, schützt mich vor zu viel Verantwortung und davor, in andere Bereiche reinzureden. Außerdem schützt sie in unserem Beispiel das Architektenteam davor, dass sie miteinander Streit bekommen. So nimmt Andreas am Schluss den Vorschlag von Mario auf, eine Visualisierung von beiden Varianten zu machen und dann das Thema nochmals zu besprechen. Auch der Abschluss dieses kurzen Dialoges zeigt einen konstruktiven Prozess auf. Dies ist ein Beispiel für ein rundum kooperatives Verhalten in einem alltäglichen beruflichen Kontext.

Alltagsbeispiel direkte Kommunikation bei einem Konflikt mit Grenzüberschreitung

Frau Meier ist als Ergotherapeutin in einem mobilen medizinischen Dienst tätig. Sie verfügt über viele Jahre Berufserfahrung, viele

Fortbildungen und ist eine »gestandene« Frau und Mitarbeiterin. Die Behandlung eines Patienten führt sie in eines der örtlichen Seniorenheime. Dort macht sie mit dem Patienten Training im Terrain, d. h., sie verlässt mit ihm das Seniorenheim, um in der Umgebung mit ihm Gangsicherheit, Belastbarkeit und den Umgang mit Hilfsmitteln zu trainieren. Nach der Therapie kehrt Frau Meier mit dem Patienten gemeinsam in die Einrichtung zurück.

Auf dem Weg zum Fahrstuhl begegnet sie einem Pfleger des Hauses, der zu ihr mehrdeutige Bemerkungen macht. Nachdem sie mit dem Patienten den Fahrstuhl betritt, folgt der besagte Pfleger, sodass sie sich zu dritt im Fahrstuhl befinden. Hier sagt der Pfleger in Gegenwart des Patienten, mit einer Geste auf die Brüste von Frau Meier weisend, dass beide gedrückt werden müssten, wenn sie in die zweite Etage wolle. Frau Meier ist konsterniert, beschämt und sprachlos. Zu einer Antwort ist sie nicht in der Lage. Sie fühlt sich vor dem Patienten kompromittiert. Sie begleitet diesen zu seinem Zimmer und verabschiedet sich dort.

Nach dem Ereignis ruft sie ihren Vorgesetzten an. Sie wirkt auf ihn verunsichert, beschämt und entsetzt über dieses Verhalten. Sie schildert, dass verschiedene Aspekte für sie besonders schwierig gewesen seien. Dazu zählen die Enge des Fahrstuhls, die Unentrinnbarkeit aus der Situation und die Gegenwart des Patienten, vor dem sie sich als Frau und Therapeutin herabgesetzt gefühlt habe. Er holt sich von Frau Meier ihr Einverständnis, der Sache nachzugehen und die Person zu kontaktieren.

Am Telefon lässt sich der Vorgesetzte eine Beschreibung des Pflegers geben und ruft eine Mitarbeiterin der Einrichtung an, die ihm bei der Identifizierung der Person weiterhelfen kann. Er ruft die Person an.

VORGESETZTER DER ERGOTHERAPEUTIN Guten Tag. Ich bin der Leiter des medizinischen Dienstes XY. Meine Mitarbeiterin, die Ergotherapeutin Frau Meier, hat mich über ihr Erlebnis mit Ihnen im Lift erzählt. Ich kann als Leitung des Dienstes auf keinen Fall akzeptieren, dass Mitarbeitenden in einer übergriffigen Weise begegnet wird. Ich bitte um ein gemeinsames Gespräch in der Senioreneinrichtung mit Ihnen, der Mitarbeiterin und mir.

PFLEGER Das war doch nur ein Spaß. Das hat sie falsch verstanden.

VORGESETZTER Ich möchte lieber darauf verzichten, Ihren Vorgesetzten in diese Situation einzubeziehen. Dies würde ich allerdings sofort machen, wenn Sie sich hier nicht kooperativ zeigen. Ich möchte Ihnen sagen, was meine Absichten sind. Wir alle brauchen eine sichere Umgebung, um unsere Arbeit in einer bestmöglichen Weise machen zu können, auch damit wir als Menschen in unserer Arbeit gedeihen können. Das wünsche ich Ihnen auch.

Der Pfleger willigt ein. Es kommt innerhalb von zwei Tagen zu einem gemeinsamen Treffen in einem geschützten Innenhof der Einrichtung.

VORGESETZTER Es hat offensichtlich übergriffige, sexualisierte Aussagen und Gesten gegenüber Frau Meier gegeben. Ich möchte Sie einladen, dieses Gespräch dafür zu nutzen, eine solche Situation besser zu verstehen mit dem Ziel, dass wir alle Sicherheit während unserer Berufsausübung erleben können.

Frau Meier schildert aus ihrer Sicht, wie sie die Situation erlebt hat, welche Rolle die Aussagen, die Gesten und auch der Kontext im Fahrstuhl und die Gegenwart des Patienten für sie bedeutet haben. Der Pfleger ist sichtlich betroffen.

PFLEGER Ich möchte mich dafür entschuldigen. Ich mache manchmal dumme Sprüche. Es tut mir wirklich leid.

Es folgen im Weiteren keine Versuche mehr, die Situation zu relativieren oder zu bagatellisieren. Er übernimmt Verantwortung für sein Handeln. Frau Meier kann die Entschuldigung annehmen.

Der Pfleger schenkt schließlich Frau Meier ein kleines Therapie-Hilfsmittel, mit dem es leichter fällt, einen Rollstuhl hinter einem nur eingeschränkt mobilen Patienten herzuziehen, wenn man hierfür keine Hilfsperson hat. Frau Meier ist sichtlich erfreut über diese Geste.

Auf diese Weise drückt er den Wunsch aus, den Alltag von Frau Meier als Therapeutin zu erleichtern, was in verschiedener Weise Anerkennung ausdrückt. Das Gespräch endet in einer entspannten Atmosphäre. Frau Meier gibt ihrem Vorgesetzten einige Tage nach diesem Gespräch zu verstehen, dass diese Begegnung und die Aussprache für sie sehr hilfreich gewesen seien.

Kommentar

Dieses Gesprächsbeispiel zeigt eindrücklich auf, dass ein entschlossenes Vorgehen mit direkter Kommunikation, die von Wohlwollen getragen ist, schwierige Konfliktsituationen lösen kann. Entschlossenheit, weil übergriffiges Verhalten nicht geduldet werden kann. Wohlwollen, weil es darum geht, dass Menschen sich in ihrem privaten und beruflichen Kontext nur dann entfalten können, wenn sie sich ausreichend sicher fühlen. Der Vorgesetzte der Ergotherapeutin, die Opfer eines verbalen sexuellen Übergriffs geworden ist, hätte den »Täter« auf disziplinarischem Wege angehen können. Die Betroffene hätte auch eine Anzeige erstatten können. Wozu diese Vorgehensweisen geführt hätten, bleibt offen. Sicher aber hätten sie nicht zu einer raschen Lösung des Problems geführt und zur zügigen Wiederherstellung eines angemessenen Sicherheitsgefühls für die alltägliche berufliche Tätigkeit der Ergotherapeutin.

Das »beherzte« Vorgehen des Vorgesetzten zeigt, dass ein intolerables Verhalten nicht unbedingt mit Strafen oder Verurteilung sanktioniert werden muss, damit sich etwas ändert.

Schauen wir die gesamte Intervention aus der Vogelperspektive an, so beginnt sie mit dem Anruf der Ergotherapeutin bei ihrem Vorgesetzten und seinem unvoreingenommenen Zuhören. Mit diesem Zuhören und seinem Verzicht auf gut gemeinte Ratschläge oder Kommentare nimmt er das Anliegen seiner Mitarbeiterin ernst. Mit seinem entschiedenen Vorgehen, die Person ausfindig zu machen und »zur Rede zu stellen«, setzt er sein »Ernstnehmen« fort. Seinem Zuhören folgen Taten. Ich vermute, dass allein schon dieses »Ernst-genommen-Werden« für die Ergotherapeutin ein erster bedeutsamer Schritt war, sich aus der »Opferrolle«, der Ohnmacht und der Scham herauszuentwickeln. Dass der »Täter« in diesem Beispiel eine Person ist, die emotional erreichbar ist, Einsicht zeigen und sich aufrichtig entschuldigen kann, trägt ebenfalls zum Gelingen der Intervention bei. Dafür, dass das dem Pfleger möglich ist, scheint mir die grundsätzlich wohlwollende Haltung und die transparente direkte Kommunikation des Vorgesetzten entscheidend zu sein.

Das übergeordnete Ziel ist hier die Wiederherstellung einer Atmosphäre von Sicherheit und Anerkennung. Dabei ist es unumgänglich, das übergriffige Verhalten als solches direkt zu benennen. Jede Form der Relativierung hätte Frau Meier die Möglichkeit genommen, das Gefühl der Scham und Ohnmacht ablegen zu können.

Fazit Gespräche unter Berufskollegen und -kolleginnen

Gespräche am Arbeitsplatz werden unter anderem bestimmt durch die Rollen, die wir dort bekommen. Hierarchien müssen beachtet werden. Gute Gespräche am Arbeitsplatz tragen zu einer konstruktiven und befriedigenden Arbeitsatmosphäre und Betriebskultur bei. Beides wirkt sich direkt und indirekt auf die Produktivität eines Betriebes, einer Institution oder einer Firma aus. Eine Gesprächskultur entwickelt sich positiv, wenn jede und jeder beginnt, sich kleine Zeitfenster zu nehmen, und vor allem erst einmal gut zuhört. Günstig ist, die Arbeitskollegin nicht zuzutexten, sondern zuzuhören und sich für ganz konkrete Abläufe und Erfahrungen zu interessieren. Viele Konflikte können durch gutes Zuhören und einfaches Nachfragen vermieden oder gelöst werden. Bei Konflikten oder Grenzüberschreitungen ist ein unmittelbares und klares Vorgehen mit direkter Kommunikation in einer wohlwollenden Grundhaltung notwendig. Wird direktes Ansprechen mit offenen Fragen kombiniert, können dabei auch in schwierigen Situationen konstruktive Lösungen entstehen.

Praxis Gespräche unter Berufskollegen und -kolleginnen

Variante 1: Such dir eine Arbeitskollegin oder einen Arbeitskollegen, zu dem du bereits ein gutes Verhältnis hast oder den du gerne etwas besser kennenlernen möchtest. Nehmt euch etwa 20 Minuten Zeit. Stell der Person eine sogenannte belanglose Frage. Hier drei Beispiele: »Wie bist du heute zur Arbeit gekommen?«, »Was macht dir gerade Freude bei der Arbeit?«, »Wie machst du eigentlich dieses ... (hier einen Ablauf aus der alltäglichen Routine nehmen)«? Du hörst für eine Weile nur zu und erzählst nichts von dir selbst. Wenn dein Gegenüber aufhört zu sprechen, stell eine einfache, kurze und konkrete Frage zu einem Wort, das du besonders herausgehört hast. Wenn deine Gesprächspartnerin Lust hat, wechselt nach 5–10 Minuten die Rollen. Tauscht euch jeweils kurz darüber aus, wie das Gespräch für dich als Befragten und als Fragenden gewesen ist.

Variante 2 (Konflikt klären): Such dir eine Arbeitskollegin oder einen Arbeitskollegen, zu dem du bereits ein gutes Verhältnis hast oder den du gerne etwas besser kennenlernen möchtest. Nehmt euch etwa 20 Minuten Zeit. Frag die Person, ob sie bereit ist, miteinander zu üben, Konflikte zu lösen. Wenn sie zustimmt, bitte diese Person, sich an einen kleinen Streit, eine

Meinungsverschiedenheit oder eine Auseinandersetzung aus dem zurückliegenden Berufsalltag zu erinnern. Dann stellst du ihr eine Frage ähnlich wie die folgende: »Erzählst du mir, wie du die Situation erlebt hast?« Du hörst für eine Weile nur zu und erzählst zunächst nichts von dir selbst. Wenn dein Gegenüber aufhört zu sprechen, stell eine einfache, kurze und konkrete Frage zu einem Wort, das du besonders herausgehört hast. Wenn deine Gesprächspartnerin wünscht, von dir etwas zur Situation zu erfahren, gehst du darauf ein und erzählst, wie du die Situation erlebt hast. Am Schluss tauscht ihr euch darüber aus, wie das Gespräch gewesen ist und welche Gedanken euch dazu noch kommen.

Variante 3: Falls du in einem Team arbeitest, kann sich das Team nach der Arbeit zu einer Spieleinheit treffen. Dafür sollt ihr euch mindestens 90 Minuten Zeit nehmen. Ihr spielt das Spiel *Wer gut fragt, gewinnt. Ein Spiel für bessere Gespräche durch gute Fragen und aktives Zuhören.* Dadurch könnt ihr ganz andere Seiten von euren Teammitgliedern kennenlernen. Wichtig sind dabei – wie immer – der respektvolle Umgang und die Regel, dass niemand dazu gedrängt wird, etwas zu fragen oder zu beantworten.

13 DAS SPIEL: *WER GUT FRAGT, GEWINNT. EIN SPIEL FÜR BESSERE GESPRÄCHE DURCH GUTE FRAGEN UND AKTIVES ZUHÖREN*

Ergänzend zum Buch erscheint im Verlag KIKT-TheMa – Therapeutische Materialien das Spiel *Wer gut fragt, gewinnt. Ein Spiel für bessere Gespräche durch gute Fragen und aktives Zuhören.* In diesem Gruppenspiel von 2 bis 10 Personen werden »gute Fragen« belohnt. Ihr könnt auf humorvolle Art die ersten fünf in Teil I des Buches beschriebenen Grundbegriffe Schlüsselworte, Resonanz, bildhafte Sprache, Würdigen und Zieloffenheit erkunden. Das Spiel kann auch dafür verwendet werden, sich in neuen Gruppen besser kennenzulernen oder von dir bekannten Menschen in deiner Umgebung vielleicht bisher nicht Gewusstes oder Überraschendes zu erfahren.

Das Spielmaterial besteht aus einem Würfel mit den fünf Kernbegriffen: Schlüsselworte, Resonanz, bildhafte Sprache, Zieloffenheit und Würdigen sowie einer sechsten Würfelseite mit einem Stern. Dazu kommen fünf Instruktionskarten zu je einem Kernbegriff, 30 Situationskarten für Erwachsene 30 Situationskarten für Kinder und Jugendliche sowie 30 Karten mit Sprichwörtern. Das Spiel verläuft folgendermaßen:

Eine Person aus der Runde beginnt mit dem Würfeln. Es folgt ein Spieldurchlauf, der beginnt mit dem Vorlesen der Instruktionskarte, dem Auswählen und Vorlesen einer Situationskarte oder einer Karte mit Sprichwörtern. Anschließend hört die Person den Fragen der Mitspielenden zu, wählt die Frage aus, die sie am meisten anspricht und beantwortet diese. Als Belohnung erhält die Person, die die Frage gestellt hat, diese Karte. Danach beginnt die nächste Person in der Runde einen weiteren Durchlauf mit Würfeln.

14 NOCH MEHR MÖGLICHKEITEN, GESPRÄCHE ZU ÜBEN

Die in diesem Buch beschriebene Art, Gespräche zu führen, basiert in weiten Teilen auf einer Methode, die sich Idiolektik, also die »Lehre der Eigensprache« nennt. Wer diese Form der Gesprächsführung näher kennenlernen möchte, findet dafür zahlreiche Gelegenheiten. Es gibt in allen drei deutschsprachigen Ländern offene Seminare und Tagungen, an denen jede interessierte Person teilnehmen kann. Weiterhin gibt es in vielen Regionen sogenannte »offene Übungsgruppen«, an denen man ohne Vorkenntnisse und niederschwellig teilnehmen kann und einen Eindruck von der Methode bekommt. Hier kann man vor allem durch Erleben lernen und sich darin üben, gut zuzuhören und einfache Fragen zu stellen.

Darüber hinaus gibt es Aus- und Weiterbildungsformate, die aufeinander aufbauen: Das Grundlagen- und das Vertiefungsmodul führen zu einem ersten zertifizierten Abschluss in idiolektischer Gesprächsführung mit gesicherten Kompetenzen im Verständnis für die Methode. Die nächste Stufe der Ausbildung führt zum Zertifikat »Berater:in/Therapeut:in/Trainer:in Idiolektik« und der Anwendung der Idiolektik im eigenen professionellen Kontext. Alle

Ausbildungsstufen sind gemäß aktueller Didaktik am Kompetenzerwerb ausgerichtet. Weitere Informationen unter: www.idiolektik.de.

Über den Autor

DANIEL BINDERNAGEL, Dr. med., Facharzt für Kinder- und Jugendpsychiatrie und Psychotherapie in eigener Praxis. Leitender Arzt an den Kinder- und Jugendpsychiatrischen Diensten St. Gallen 2008 bis 2020; Aufbau einer Säuglings- und Kleinkind-Ambulanz 2004 bis 2020. Forschungstätigkeit in den Bereichen Gruppentherapie, Eltern-Kind-Therapie und tagesklinische kinderpsychiatrische Behandlung. Psychotherapeutische Ausbildungen in Psychodrama auf der Grundlage der jungschen Psychologie, in Systemischer Therapie mit Kindern, Jugendlichen und Familien sowie in idiolektischer Gesprächsführung. 1. Vorsitzender der Gesellschaft für Idiolektik und Gesprächsführung 2015 bis 2020. Publikationen u. a.: *Schlüsselworte – Idiolektische Gesprächsführung in Therapie, Beratung und Coaching* (zus. mit E. Krüger, T. Rentel u. P. Winkler, 3. Aufl. 2018), *Die Eigensprache der Kinder – Idiolektische Gesprächsführung mit Kindern, Jugendlichen und Eltern (2016).*